Paideia

视觉文化丛书

比特城市

未来生活志

威廉·J. 米歇尔（William J. Mitchell）　著

余小丹　译

陈毅平　校

重庆大学出版社

目 录

总　序

　　毋庸置疑，当今时代是一个图像资源丰裕乃至迅猛膨胀的时代，从随处可见的广告影像到各种创意的形象设计，从商店橱窗、城市景观到时装表演，从体育运动的视觉狂欢到影视、游戏或网络的虚拟影像，一个又一个转瞬即逝的图像不断吸引、刺激乃至惊爆人们的眼球。现代都市的居民完全被幽灵般的图像和信息所簇拥缠绕，用英国社会学家费瑟斯通的话来说，被"源源不断的、渗透当今日常生活结构的符号和图像"所包围。难怪艺术批评家约翰·伯格不禁感慨：历史上没有任何一种形态的社会，曾经出现过这么集中的影像、这么密集的视觉信息。在现今通行全球的将眼目作为最重要的感觉器官的文明中，当各类社会集体尝试用文化感知和回忆进行自我认同的时刻，图像已经掌握了其间的决定性"钥匙"。它不仅深入人们的日常生活，成为人们无法逃避的符号追踪，而且成为亿万人形成道德和伦理观念的主要资源。这种以图像为主因（dominant）的文化通过各种奇观影像和宏大场面，主宰人们的休闲时间、塑造政治观念和社会行为，不仅为创造认同性提供了种种的材料，促进一种新的日常生活结构的形成，而且也通过提供象征、神话和资源等，参与形成某种今天世界上许多地方的多数人所共享的全球性文化。这就是人们所称的"视觉文化"。

如果我们赞成巴拉兹首次对"视觉文化"的界定，即通过可见的形象 (image) 来表达、理解和解释事物的文化形态。那么，主要以身体姿态语言(非言语符号)进行交往的"原始视觉文化"(身体装饰、舞蹈以及图腾崇拜等)，以图像为主要表征方式的视觉艺术 (绘画、雕塑等造型艺术)，和以影像作为主要传递信息方式的摄影、电影、电视以及网络等无疑是其最重要的文化样态。换言之，广义上的视觉文化就是一种以形象或图像作为主导方式来传递信息的文化，它包括以巫术实用模式为取向的原始视觉文化、以主体审美意识为表征的视觉艺术，以及以身心浸濡为旨归的现代影像文化等三种主要形态；而狭义上的视觉文化，就是指现代社会通过各种视觉技术制作的图像文化，它作为现代都市人的一种主要生存方式 (即"视觉化生存")，是以可见图像为基本表意符号，以报刊、杂志、广告、摄影、电影、电视以及网络等大众媒介为主要传播方式，以视觉性 (visuality) 为精神内核，与通过理性运思的语言文化相对，一种通过直观感知旨在生产快感和意义以消费为导向的视象文化形态。

当视觉文化成为当下千千万万普通男女最主要的生活方式之际，本译丛的出版可谓恰逢其时！大陆学界如何直面当前这一重大社会转型期的文化问题，怎样深入推进视觉文化这一门跨学科的研究？古人云：他山之石，可以攻玉！大量引介国外相关的优秀成果，重新探寻这些先行者涉险探幽的果敢足迹，无疑是窥其堂奥的不二法门。

全球化浪潮甚嚣尘上的现时代，我们到底以何种姿态来积极应对异域文化？长期以来我们固守的思维惯习就是所谓的"求同存异"。事实上，这种素朴的日常思维方式，其源头是随语言－逻各斯而来的形而上的残毒，积弊日久往往造成了我们生命经验总是囿于自我同一性的偏狭视域。在玄想的"求同"的云端，自然谈不上对异域文化切要的理解，而一旦我们无法寻取到迥异于自身文化的异质质素，哪里还谈得上与之进行富有创见性的对话？！事实上，对话本身就意味着双方有距离和差异，完全同一的双方不可能发生对话，只能是以"对话"为假面的独白。在这个意义上，不是同一性，而恰好是差异性构成了对话与理解的基础。因理解的目标不再是追求同一性，故对话中的任何一方都没有权力要求对方的认同。理解者与理解对象之间的差异越大，就越是需要对话，也越是能够在对话中产生新的意义，提供更多进一步对话的可能性。在此对谈中，诠释的开放性必先于意义的精确性，精确常是后来人努力的结果，而歧义、混淆反而是常见的。因此，我们不能仅将歧义与混淆视为理解的障碍，反之，正是歧义与混淆使理解对话成为可能。事实上，歧义与混淆驱使着人们去理解、理清，甚至调和、融合。由此可见，我们应该珍视歧义与混淆所开显的多元性与开放性，而多元性与开放性正是对比视域的来源与展开，也是新的文化创造的活水源泉。

正是明了此番道理，早在 20 世纪初期，在瞻望民族文化的未来时，鲁迅就提出：外之既不后于世界之思潮，内之仍弗失固有之血脉，取今复古，别立新宗！我们要想实现鲁迅先生"取今复古，别立新宗"的夙愿，就亟需迫切地改变"求同存异"的思维旧习，以"面向实事本身"（胡塞尔语）的现象学精神与工作态度，对所研究的对象进行切要的同情理解。在对外来文化异质性质素的寻求对谈过程中，促使东西方异质价值在交汇、冲突、碰撞中磨砺出思想火花，真正实现我们传统的创造性转换。德国诗哲海德格尔曾指出，唯当亲密的东西，完全分离并且保持分离之际，才有亲密性起作用。也正如法国哲学家朱利安所言，以西方文化作为参照对比实际上是一种距离化，但这种距离化并不是代表我们安于道术将为天下裂，反之，距离化可说是曲成万物的迂回。

我们进行最远离本土民族文化的航行，直至差异可能达到的地方去探险，事实上，我们越是深入，就会越是促使回溯到我们自己的思想！

狭义上的视觉文化篇什是本译丛选取的重点，并以此为基点拓展到广义的视觉文化范围。因此，其中不仅包括当前声名显赫的欧美视觉研究领域的"学术大腕"，如米歇尔（W. J. T. Mitchell）、米尔佐夫（Nicholas Mirzoeff）、马丁·杰伊（Martin Jay）等人的代表性论著，也有来自艺术史领域的理论批评家，如布列逊（Norman Bryson）、格林伯格（Clement Greenberg）、埃尔金斯（James Elkins）等人的相关力作，当然还包括奠定视觉文化这一门跨学科的开创之作，此外，那些聚焦于视觉性探究方面的实验精品也被一并纳入。如此一来，本丛书所选四十余种文献就涉及英、法、德等诸语种，在重庆大学出版社的大力支持和协助下，本译丛编委会力邀各语种经验丰富的译者，务求从原著译出，冀望译文质量上乘！

是为序！

肖伟胜

2016 年 11 月 26 日于重庆

图 1　信息高速公路入地：电话工人铺设光纤电缆。

1

布线

当世纪末倒数进入 20 世纪 90 年代，我越发对那些在人工
井里捣腾的技术工人感到好奇。他们既不是铺设下水管道，也
不是铺设煤气管道，显然他们是在忙别的什么。于是我问他们
在干什么，他们通常会告诉我："布线。"

他们正在把一些局部的光纤片段连接起来，这些光纤片段
很快就会成为一个世界范围的宽带数字电信网络。[1] 当年奥斯
曼男爵对乱糟糟的巴黎古城进行改造，把街道拓宽拉直，并使
之相互连接成一张醒目的"蜘蛛网"。19 世纪的铁路工人用
枕木和钢条修成铁路，使狂风呼啸的美国北疆地区变得不再遥
远。如今，这些后什么时代的（post-whatever）施工人员正在
修建的是一条信息高速公路——他们正在重组时空关系，这势
必永远地改变我们的生活。[2] 然而，他们这种革命性的介入动

---

1 光纤网络安装概况可参见安德鲁·库普弗的《重构美国的竞赛》。该文发表在 1993
年 4 月 19 日出版的《财富》杂志第 42-61 页。电脑网络、有线电视网和电话网未
来的趋同性，加里·斯蒂克斯在《驯服网络空间》一文中有详细论述。该文发表在
1993 年 8 月出版的《科学美国人》第 269 卷第 2 期，第 100-110 页。

2 全球电信设施的发展始于 1837 年，那一年正值电报问世并获得专利。接着，1876
年发明了电话。20 世纪初，远程电报和电话网络已经建立，无线电报技术崭露头角。
20 世纪 50 年代，众多模拟电信网采用纵横制交换技术，通过电线、电缆、微波电
路传输信号。20 世纪 60 年代，数字电信系统开始取代旧的模拟电信系统，第一代
通信卫星投入服务。20 世纪 80 年代，光纤电缆和综合服务数字网线路日益普及。
1994 年年中，当地有线电视公司为我在马萨诸塞州剑桥市的家安装了能直接连通互
联网的电脑网络接口。很明显，目前很大程度上相互独立的电话、无线电台、电视
机和数据网络最终将发展成为一个全球性的宽带数据服务网络。政治家和新闻记者
已经开始谈论信息高速公路系统的到来。

作迅速、悄无声息，而且在很多人眼里是看不见的。[1]

几乎与此同时，跟其他很多人一样，我发现自己再也不用去上班了。这并不是因为我突然变懒了，而是现在工作自己送上门来。我再也不用每天早晨去矿上（像世世代代先辈们那样）、去地里、去工厂或者去办公室。我只需要一台能够给我提供工作材料入口、所需工具和必要处理能力的轻便型手提电脑。要上网时，我只需就近连接电话插座或者 RJ-11 接口，现在一些飞机座位上已经安装有这种接口。我甚至越来越觉得自己无须挨着商店住，因为我的袖珍手机可以帮我购物。在这个"随身听"时代，我要娱乐也不必再去剧院了。越来越多用于人类沟通、生产和消费的工具正在被小型化，丧失了物质形态，摆脱了固定地点。

此刻我正（在机场候机厅）用手提电脑写作，这台电脑是如何设计、制造的？它既不是由一个传统工匠像精心制作一把斯特拉迪瓦里小提琴那样做出来的，也不是在浓烟滚滚的大型福特工厂里生产的。它的零配件由不同的工厂同时设计和生产，这些工厂散布世界各地，从美国硅谷到新加坡。计算机辅助设计系统、计算机控制程序和工业机器人被应用于每一个步骤。零部件生产和产品装配并不在同一地方进行。零部件配送经过悉心调整安排，既要避免缺货，又不能造成积压。设计、零部件生产、产品装配等工作不是由一家公司完成，而是由一个复杂的国际联盟中的不同成员共同承担。这台成品电脑的软件是我亲自挑选和安装的，它和硬件一样重要。手上有了这台复杂

<hr>

1 电缆大多埋在地下或者装进建筑物的墙里，无线连接则完全看不见，大多数数字电信设备都很小，毫不起眼。

的工具，我就一个劲地用，但它的有效寿命很短，很快就会被淘汰。当它再也不能像它的竞争产品一样，为我提供所需的电子信息平台时（就算它还运作良好），我会转走软件和数据，然后把这台过时的残骸扔掉。信息生态系统是一个残酷的、优胜劣汰的场所，新配置层出不穷，那些无法适应新环境、不再有竞争力的产品很快就被淘汰。我的手提电脑既不是拉斯金和莫里斯[1]一往情深捍卫的那种手工艺品，也不是用标准化大生产制造出来的、令早期现代主义者着迷的耐用工业品，它是电子信息时代的一件标志性产品。

数字通信革命、电子器件不断小型化、比特商品化、软件逐渐取代物质形态，这些观察所得为我们展示了一幅新的时代背景。在接下来的内容里，我们将对新时代背景下的建筑和都市化进行一番构想，为即将出现但尚未能看到的 21 世纪新型城市勾画蓝图。我们认为目前摆在我们面前的首要任务既不是铺设数字管道、建立宽带通信链路或连接相关电子设备（这些迟早会有的），也不是制造可以电子传输的"内容"，而是构想并创设数字媒介的生活环境，为人们创造理想的生活方式和居住社区。

这为什么那么重要？我们为什么要关注新型的建筑和城市设计？它之所以重要，是因为数字时代新的城市建筑和空间安排会对我们产生深远的影响：影响我们获取经济机会和公共服务，影响公共话语的性质和内容、文化活动的形式、权力的

---

1 约翰·拉斯金（John Ruskin, 1819—1900），英国社会思想家，英国工业美术运动的精神领袖。威廉·莫里斯（William Morris, 1834—1896），画家和设计师，拉斯金理论的实践者。他们反对机械化批量生产，主张回归手工业时代，认为手工制品永远比机械产品更容易得到艺术化。——译注

运行，影响那些赋予我们日常活动形式与实质的生活经历。大规模不间断的变革正在发生，但我们并非只能被动接受而无力掌握自己的命运。如果我们理解正在发生的一切，如果我们能构想和探索不一样的未来，我们就能伺机干预，有时还能抵制、组织、立法、规划和设计。

图 2　"网上没人知道你是条狗。"

2

电子广场

我叫 wjm@mit.edu（虽然我有很多别名），是个电子游荡
者（flâneur），经常在网上转悠。[1]

电脑键盘就是我的咖啡馆。每天早晨，我总要就近找台机
子登录电子邮箱——可以是家里那台还算凑合的个人电脑，可
以是我常去的某个办公室或实验室里性能更好的工作站，也可
以是酒店房间的手提电脑。我点开一个图标进入"收件箱"，
里面堆满了来自世界各地的邮件：对技术问题的答复、咨询、
论文稿、学生作业、约会、出行和会议安排、业务、问候、提
醒、聊天、八卦、投诉、提示、玩笑、调情。我马上开始回复，
然后把回复内容放进"发件箱"，它会自动把邮件发往正确的
目的地。（注意我用了吓人的引号，"箱"是个非常宽泛的比
喻，回头再谈。）喝完咖啡之前如果还有时间，我还会去查查
我的有线服务和订阅的几种新闻服务，然后扫一眼最新的天气
预报。这是日常惯例，白天一有空我就做这些事。

以前要做这些事，你得到一些地方去：集市、论坛、广场、
咖啡馆、酒吧、酒馆、商业街、购物中心、沙滩、健身房、公
共浴室、大学饭堂、公共休息室、办公室或者俱乐部。你去的
地方限定了你的朋友圈、你的社会地位和你的角色。[2]别人还

1　巴黎游荡者在波德莱尔的名篇《现代生活的画家》（1863）中首次亮相。他每天在
　　大街上闲逛，观察大都市的生活，同时也是展示自己。
2　希腊的集市是城市公共空间的原型。在古希腊的城市里，集市是一个处于中心位置
　　的开放式空间，公共生活在那里展开。一个地方要成为一座城市而不仅仅是一个聚
　　居地，集市是必不可少的。

会对你有所期待：如何通过衣着、肢体语言和言行举止表现自己，如何跟别人交流。每一种你所熟悉的公共场合都有它的演员、服装和剧本。但全球性的计算机网络——电子广场却颠覆、动摇、彻底重新定义了我们对公共场所、社区和城市生活所持的观念。互联网有着完全不一样的物理结构，它的运行规则与那些组织传统城市中公众场所行为的规则有着很大不同。互联网将在 21 世纪的城市生活中扮演重要角色，其重要性好比那些位于中心地带、有空间界线、建筑闻名的城市广场之于希腊城邦居民（如柏拉图《政治学》一书所言）。米利都人为在伊奥尼亚岛岩石上重建的米利都城设计蓝图时，以这种城市模型为原型，清晰地勾画了像那样的城市广场。这样的广场对他们来说也很重要。[1]

空间 / 反空间

我刚才说了，我的名字叫 wjm@mit.edu，但你也可以说这是我的地址。这样说也许贴切，也许不贴切。随着互联网的兴起，空间、个人身份和主观性同时被重新定义，这两个概念已经被混为一谈了。

---

[1] 伊奥尼亚地区的米利都城于公元前 494 年被波斯人占领并摧毁，公元前 479 年按照当地建筑师希波达莫斯的总体规划开始重建。该城位于今天土耳其境内爱琴海岸边的一座多岩石的半岛上。街道被设计成规则的网格状，中间有个很大的集市，毗邻港口。亚里士多德称赞希波达莫斯是"城市规划艺术"的发明者。

互联网否定了几何图形。虽然它的各个计算节点的确有清晰的拓扑型态，比特数据也是通过辐射状的路线传输，虽然节点和链路的位置可以在设计图纸上标示出来，画出与奥斯曼的设计图高度相似的图表，但从本质上说，互联网是完全彻底反空间的。它既不像纳沃纳广场，也不像科普利广场。[1] 你不能说它在哪个地方，也无法描述它的具体形状和面积，更不可能告诉一位陌生人怎么样能去到那里。但是你可以从里面找到想要的东西，虽然你并不知道那些东西在哪里。互联网就在我们周围，它无影无踪，却又无所不在。你无法找到互联网，但可以在你所在的任何地方登录。当你登录时，你不是在进行一次通常意义上的造访，而是在实施一种电子媒介的言语行为，这种行为能为你打开一条通道，就像你在念"芝麻开门"一样。

你的地址并没有被固定在某个地方，它只是一个接入码，指向互联网上某台电脑里的某处存储空间。至于电脑是什么型号、是哪里的电脑都不重要。（我就从来不留意为我提供上网服务的电脑是什么样的。我想它应该是在麻省理工学院某间密室里。我也没必要把它找出来。）要上网就要与主机建立物理连接（通过数字链路用一根电话线和一个调制解调器拨号，甚至只需要用一个移动调制解调器拨号），然后输入接入码和密码。你可以要求主机向你显示收件箱里堆积如山的来件，也可以要求主机帮你发送发件箱里的邮件。[2] 其他互联网用户也用同样的方法连接主机。而且，电邮往来不像电话传真，必须连

---

1 纳沃纳广场是罗马最美丽的开放式广场，科普利广场是波士顿后湾地区的一个广场。——译注

2 这个软件的基本作用是在某些中心位置将到达那里的信息储存起来，然后按要求发送到收信人的个人电脑或者工作站。语音邮件和视频邮件系统的运作方式与此类似。

接两台特定的机器，机器所在的地点也可以辨认（比方说你桌上的电话和我桌上的电话）。它所连接的两个人的位置是不确定的。我发给你一封邮件，邮件上只会显示我的名字，或者说地址。你无法得知它究竟是我在办公室里发的，还是在家里边喝酒边写的，还是我坐飞机横渡太平洋时在手提电脑上写好，然后在日本成田机场里通过一部公共电话发出的。而你在哪里——你所在街道地址、邮政编码和你的电话号码，我也不需要知道。我只要输入你的网名，或者说地址，就确信你最终能在你选择登录的任何一台电脑上收到我的信。

如果我特别小心想要隐瞒身份和地点——这样做可能是因为我要做些难为情的事，比如说下黄片；或者是非法的事，比如说下载盗版软件——我会通过一个"匿名邮件转发信箱"收发邮件。它就像是一个有编号的邮箱，或者一个瑞士银行账户。我可以把它作为我的地址，不会透露我的任何信息。我还可以在那里存放信息，日后查询。

这样，互联网消除了甄别市民的一个传统尺度。在典型的空间城市里，你的位置往往代表你的身份。（而你的身份又往往决定你的位置。）地理位置就是命运，它常常无情地清晰体现出你是什么样的人。你的来路或许正或许不正。你可能来自比弗利山庄、唐人街、东洛杉矶或者沃茨，你可能来自芝加哥卢普区、北边或者南边，你可能来自比肯山、波士顿北区、剑桥、萨默维尔或者罗克斯伯里——人人都能读懂这些代码当中的含义。（如果你压根没有家，那你当然就谁也不是。）你可能发现自己身处一个有性别歧视或没有性别歧视的环境，处于权力的中心或边缘。这里有金融区，出入那里的人个个西装革

10

履；这里有酒吧，顾客都是些装模作样的雅皮士；这里有需要穿夹克衫、戴领带才能进入的场所；这里有看不到犹太人和黑人的高尔夫球俱乐部；这里有购物中心、红灯区、学生吧、青少年蒲吧、同性恋吧、乡下佬吧、摩托骑手吧；这里还有贫民区和死囚室。然而，互联网交流的去空间化特征敲碎了地理代码的钥匙。这里就是世界上最好的地址，你无法通过让别人看见你跟合适的人出现在合适的地点这种方式定义自己的身份。[1]

有形 / 无形

互联网上的无形世界有自己的编码和阶级构建机制。

比如说，一些网友只知道我是"wjm@mit.edu"，这是个中性的识别符。但大多数人更愿意用我某些更有意义的别名来称呼我。有些人在他们的联系人栏里称呼我为"威廉·J. 米歇尔"，从而和一个独一无二的、大家都知道的、实实在在的物体建立了直接联系，然后选择这个别名作为收件人。我的家人、朋友和身边的同事是最常给我发邮件的人，他们很自然地用"比尔"这个更简单、更亲切的别名。（在我的熟人圈里，大家都

11

---

1 有时候一个与某一群组联系紧密的域名（比如说 media@mit）的确有它的过人之处。随着网络的使用率越来越高，一些访问服务供应商会尝试用优质的服务（更快的机器、更吸引人的界面）使自己脱颖而出，充分利用人们的虚荣心。但至少现在，一个基本点仍然有效：逻辑连接比物理位置重要得多。在《富豪与名人电子邮箱地址汇编》（马萨诸塞，雷丁：艾迪生·维斯理出版公司，1994 年）上，看不到有任何特别的网络空间邻里关系。

清楚这个称呼指的是谁。）但我们并不是时时处处都要使用正确的名字。比如说，麻省理工学院的学生、职员和教师常常把邮件发给"院长"，因为这个称呼描述了我在他们职业生活中所扮演的角色。但如果这个位置被其他人取代，他们的信息马上就会自动自觉、光明正大地改寄他人。据说可以通过我在网上的指示服务文件来确立我的真实身份，但指示服务文件这东西本身不过是一套隐晦含糊、容易误导人的特征值。[1]

其他发信人在向某些群组群发邮件时，则用含糊而非明确的名字来称呼我。这些群组是按成员身份或特定特性来划分的：可以是参加某个研讨会的研究生和教师，可以是对某项课题感兴趣的科研人员和学者，也可以是一帮偶尔喜欢在一起做些事情的朋友。（这些群组的成员资格把那些能充分获取信息的人和那些不能充分获取信息的人分隔开来。这里和其他地方一样，阶级意味着特权。）或者他们可以在数据库里查找符合相应条件的人来找到我。[2]

就这样，我的各种别名和比特数据一点点积累，构建起了我抽象无形的电子身份。但是，就像弗雷格[3]那句著名的分析"启明星就是长庚星"教导我们的那样，说 wjm@mit.edu 就是 Dean@mit.edu，两者之中任何一个就是威廉·J.米歇尔这个

---

1 互联网上的很多主机都存有指示服务文件。（出于安全或者隐私方面的原因，一些主机不允许外界访问这些文件。）互联网用户可以，比如说，通过键入 finger wjm@mit.edu 查找我的信息。他们能找到我的全名、通信地址和电话号码——就像他们能在麻省理工学院印制的电话号码本上找到我一样。如果他们足够聪明博学，可以进入各种各样的数据库查看我的资料，然后用这些零散的资料拼凑出关于我（或者几乎其他任何使用互联网的人）的相当具体的描述。

2 比如说，《圣荷西水星报》网站上有一个在线个人广告数据库（你在那里可找不到我）。输入命令"查找个人信息并回复"，你就能看到这样一条信息："输入表现你查找对象特征的词语，然后点击**列表广告**上的选项，比如'男性，不吸烟'。"

3 德国数学家、逻辑学家。——译注

活生生的人，这非同小可，甚至可能不是真的！当各种与独特实物之间没有准确清晰关联的名字满天飞，指称问题会非常复杂。

甚至会出现这种情况：有明确电子身份的东西根本没有物 质形态，比如说甲骨文公司新闻组服务器。[1] 你可以通过电子邮件向设在印第安纳州的甲骨文公司提问，它会给你回信解答。每次你提问，它也会向你提出一条其他问题，请你回答。事实上它就是一个非常简单的软件，所做的不过就是随机匹配提问者和回答者。但是，它看起来却有着自己的个性和特有的幽默感。

集中 / 分裂

当我在网上用自己选择的别名和描述符向别人展示自己，并通过这些别名与描述符与他人建立联系时，我在构建别人，同时别人也在构建我。（跟不同的人联系就敲下不同的按键。）但是这种相互构建的过程能够透露的信息往往不多，因为这种交流不需要我现身、不需要我说话，那些"认识"我的人不一定知道我长什么样，也不一定知道现实中的我会如何展示自己，

1　欲了解甲骨文公司新闻组服务器信息，可发电子邮件至 oracle@cs.indiana.edu，在"主题"栏输入"帮助"一词。

因而不能从这种交流中作常规的推断。[1]（我可不像萧伯纳笔下的卖花女伊莉莎·杜利特尔那样任人摆布，避无可避。）我可以轻而易举地隐藏起来，小心翼翼地制造些烟雾，或者虚报性别、种族、年龄、体形和经济状况。在网上的我不再是生物学的、出身的、社会环境的必然产物，而是一件可以任意操纵的、完全无形的智能产品。这种电子的男扮女装游戏既容易又吸引人。[2]反过来，我发现和一个自己在网上认识了很久的人见面也是一种错位的经历，让人觉得别扭，因为我心里已经根据在网上的交流，事先为对方设计了一个假想形象。[3]有些人就爱玩这种游戏，先是在网上建一间电子密室藏起来，然后在某个时候现出原形。[4]

13　　如果我要在网上证实自己的身份，就必须输入自己的密码来证明我真的是我。它是不认我这个人的。这就意味着，如果我能设法弄到别人的密码，我就能像电影《人体入侵者》里的

1　参见尔文·戈夫曼的经典之作《日常生活中的自我呈现》（纽约：双日出版社，1959年），书中介绍了许多复杂的方法，告诉你如何在面对面的交流中获取对方总体社会经济地位、能力、可信度和态度等信息。

2　甚至在文本数字化之前，印刷的文本就已经为这些游戏创造了一定空间。乔治·艾略特和亨利·汉德尔·理查德森玩起这些游戏来挥洒自如。（译按：艾略特和理查德森是两名女作家，但都用了男性化名。）但互联网极大地拓展了这种空间。

3　早期公开报道过的一些这方面的故事迅速确立了它们作为网络空间道德说教的地位。比如1985年，一个叫琳赛·凡·吉尔德的人写了一个关于"琼"的故事，登在《女士》杂志上。故事讲述了一个上了年纪的残疾妇女"琼"参加CompuServe网一个主题为"两性对话"的在线会议，最后伪装被揭开，原来"她"竟是一名中年男性精神科医生，这让很多其他与会者大吃一惊、沮丧不已。接着，1993年夏天，新闻媒体广泛报道了WELL（旧金山湾区一个有名的在线会议系统）上的"网络流氓事件"。一名男子在网上同时与多名妇女谈情说爱（他并没有告诉这些妇女其他人的存在），后来这些妇女识破了骗局，并在WELL一个会场上对其进行了公开谴责。这使人想起了早期电话刚刚出现时发生的事，跟这些故事差不多：骗子利用电话看不见真人和人们对电话诈骗经验不足的弱点设下骗局。

4　因此，研究网络空间文化的人若能钻研一番有关同性恋研究的文献资料应该会有帮助。

外星病毒一样，把那个人干掉，然后冒用他的身份。（当然，那个人也可以对 wjm@mit.edu 做同样的事。）在性别、社会特征和个人身份的完整上，能耍的花招还不止这些。我可以在网上为自己炮制多个身份，要多少有多少。其他人根本无法知道这些由软件制造出来的怪人其实属于同一个人。让我们尝试这样来解构《人体入侵者》：它其实不是在讽喻冷战时期的共产主义者，而是对一个世界抵触的一瞥。在那个世界里充斥着易变的身份、不明出处的目的和幕后的操纵。这样看起来，这部电影还是很有先见之明的。

我的软件替身能做的事情远比帮我收发邮件多得多。一旦编好程，它们就能成为我的半自主代理人，不知疲倦地执行我交给它们的标准化任务，甚至代表我做一些简单的决定。[1]（互联网用户会越来越依赖他们已经被编好程序的代理人，就像希腊城邦居民依赖他们的奴隶一样。）比如说，黑客能毫不费力地设计出一个软件前台，这种前台不太礼貌地被人称作傻瓜过滤器，可以对来件进行扫描，检查来件的源地址、删除垃圾邮件、编排来件顺序。更智能一些的代理人能自动与其他代理人联系，协调日程、安排时间进行必要的会晤。（我的代理人可以呼叫你的代理人。）有的代理人能不眠不休地替我紧盯股市走势，根据事先设定好的策略买进卖出。有的代理人可以不间断地扫描有线服务新闻网，从中挑选我可能感兴趣的新闻，还能在有重要新闻时立即提示我。我甚至可以邪恶地构想这样一种代理

14

---

1 《美国计算机学会通讯》第 37 卷第 7 期的"智能代理人"特刊（1994 年 7 月）上的文章对这类代理人有详尽的讨论。1994 年，这个理念开始进入商业化运作，产生了重大影响，比如通用魔术公司推出了 Telescript 语言，为实用软件代理人编写程序。参看约翰·马可夫，《对新型电脑有机体的希望和恐惧》，《纽约时报》，1994 年 1 月 6 日，星期四，D1 版，D5 版。

人，它能在数字信息的大小公路上逛荡，制造麻烦，寻找机会破坏对手的文件、截取有用信息、消灭对手的代理人，或者不停地复制自身阻塞系统。弗里茨·朗错了，未来的机器人不是像影片《大都会》里的那样，是些咣当作响、招摇过市的金属圣女，而是些在互联网上无声潜行的柔弱电子人。威廉·吉布森的科幻小说《神经漫游者》里写的机器人就靠谱多了。

一方面，互联网能使人虚幻化；另一方面，它又能人为地将这些软件中间人具体化。这非常简单，用图形界面设计技术就能做出一个活生生的卡通人物，它可以在合适的时候出现（像个训练有素的服务生），请你向它发出指令，圆满完成任务后微笑着向你报告，遇到问题时向你皱起眉头。如果它的"表情"用得恰当，你就会更喜欢它、更信任它。[1] 如果卡通人物不够吸引你，你可以同样容易地制作数字电影，里面的演员可以扮演可爱的接待员、圆滑的股票经纪人、威严的管家、有问必答的图书管理员、狡猾的特工，或者任何你想到的人物形象。[2]

你怎么知道那些呈现在你面前的别名和面具背后是谁或者是什么？[3] 你能每次都分得清自己究竟是直接在跟真人打交道，还是和他们经过巧妙编程的代理人打交道吗？那些发自wjm@mit.edu、用礼貌的措辞请求见面的电子邮件究竟是出自威廉·J.米歇尔真人之手，还是由他的一个特制仆从自动生成

1　约瑟夫·贝茨，《可信任的代理人的情感作用》，《ACM通讯》（译按：ACM的全称为Association for Computing Machinery，美国计算机学会）第37卷第7期（1994年7月）：第122-125页。

2　苹果电脑公司著名的宣传片《知识领航员》最早把这个创意编成了戏。该片描述了一个打着领结、名叫菲儿的代理人，他看起来像一张会说话的护照照片，据称能胜任图书管理员和资源管理工作。

3　现在有种技术能勉强应付这种情况。我们可以用加密技术在电子文档上签署一个可验证的数字"签名"。但这没能改变一个基本事实：电信技术拉开了我们和那些我们与之交流的血肉之躯之间的距离，并为那些人戴上了装配好的电子面具。

的？（当然，这就是图灵提出的那个著名的问题。他认为这种无法识别的情况彰显了机器的智能。但这也可能是因为人在装聋扮哑，或者是因为他所参与的交流无须动脑。）网络的存在逻辑是否完全是矛盾分裂的？它是否把一个完整的物体打碎，使之变成了各种别名和代理人的组装件？我们是否可以将别名和代理人永久存储在磁盘上，使他们的寿命长于我们，由此获得永生？（威廉·吉布森小说里的数字朋克反英雄主义者们一边若无其事地剥去自己缓慢、过时、维护成本极高的肉体机器，一边把自己的灵魂软件装进新的硬盘中去。）[1] 复活难道要沦为从备份文件中恢复数据？[2]

15

同步 / 异步

像在餐桌上、传统的研讨会上和会议室里进行的这种面对面交谈，是一种空间连贯的、真人对真人的、高度同步的交流。各参与者都出现在相同地点，每个人都能听见别人说的话，通常还能很快作出回应。电话和讨论广播已经能让谈话者们在分

1　这种情况已经发生在机器身上。那些曾红极一时如今却黯淡退场的电脑终端，例如电传打字机和 DECVT-100，常常被在更先进的硬盘上运行的软件模拟。

2　米歇尔·卡普尔在看完手稿后给我发了封电子邮件，批评我在这一点上有点犯傻。他也许是对的。早年很多关于人工智能的伟大承诺至今没能兑现，除非出现目前看来可能性不大的重大突破，否则它们会一直得不到兑现。因此我们不能凭对目前技术的推测，断定吉布森的硅元素永生可以实现。但至少可以肯定这种现象值得注意：网上一份书稿的电子版大大延伸了作者对出书的虚幻永生感。

散的地点参与交流，但同步交流这个条件并未改变。（直到录音电话发明之前，人们接电话必须要在恰当的时间守在电话机旁。）

但还有一种情况。在必要的时候，古希腊人会用信使来进行异步通信，就像斐迪庇第斯[1]被派去送信，从雅典跑到斯巴达，又从斯巴达跑回雅典一样。信件和邮政系统、传真机、家用录音电话和新奇的语音邮件系统成为了更新式的异步通信工具，互联网上的电子邮件和电子公告牌系统则更是其中的代表。[2]在异步通信模式里，人们说的话不是马上被听见，而是在以后某个时间被重复。回应也不再是即时的。面对面对话的统一性在空间和时间上都断裂了。

邮政服务送信常常慢得像蜗牛，将异步通信的迟缓性贯彻到底，非常讨厌。当比它高效得多的异步通信系统越来越普遍，我们发现其实绝对同步也不见得总是讨人喜欢，可以控制的异步通信也有它的好处。当你在办公室里沉思时突然有人敲门，或者在不恰当的时间有电话进来，这种意料之外的通信请求带来的不便，大家都深有体会。生意人和学者们发现，在波士顿和东京之间通过传真交流要比找到一个两头都方便的时间互通电话容易得多，这个发现让他们充满感激。录音电话和语音邮件系统使人们摆脱了被电话追着屁股跑的烦恼。你可以在任何方便的时间登录电子邮箱，而不是被突如其来的电话铃声任意

16

1　古希腊一名善于长跑的士兵。公元前 490 年，雅典军队在希波战争马拉松之战中打败波斯军队，斐迪庇第斯被派往雅典传送喜讯，完成任务后力竭而死。——译注
2　异步通信系统（跑步、高声接力、信鸽、鼓角、火、旗语、船、驿马快信，等等）的早期历史参见普拉卡什·查克拉瓦蒂的《通信技术：从洞穴留言到电子邮件》，《IEEE 电力工程评论》（译按：IEEE 的全称为 Institute of Electrical and Electronic Engineers，美国电气电子工程师协会）第 12 卷第 9 期（1992 年 9 月）：第 29-31 页。

打断手头在做的事。我们正逐步认识到，绝对的同步通信实际上是异步通信的一种极端情况。

人们倾向于使用电子异步通信，这将对城市生活和城市形态产生越来越大的影响。在我们所熟悉的、有特定空间的、同步的城市生活方式中，每件事情的发生都有时间和地点。[1] 像餐馆、咖啡馆这样的公共聚集场所是开放式的，人们会在某个明确的时间段向那里聚集。工人们在标准的工作时间里完成工作，上下班时出现的交通高峰是可预见的。公共汽车和火车有时刻表，约会和会议的时间会事先安排好，剧院的表演、电视节目和大学上课有专门的时间。正如每座城市都有其独特的空间组织，它们的每一天、每一周和每一个季节也有着各自的节奏。纽约、罗马、德里和东京，它们的节奏就大不相同。因为有黄金地段的房地产，因此也有黄金时段的时间，但对于一座完全异步的城市就不能照此类推了。在这里，时间节奏变成了白噪音。要区别正在发生的事和这件事在任意时间的重放变得很难，或者根本不可能（就像现在的电视新闻）。一切都可能随时发生。[2]

比如说，一场网上辩论是什么时候开始的？你在什么地方现身参与讨论？你说不上来。这场讨论持续的时间不明确，参

17

1　在《技术与文明》（纽约：哈考特·布雷斯·乔瓦诺维奇出版公司，1934年）一书中，刘易斯·芒福德把同步城市出现的时间追溯到13世纪。当时的一些修道院引进了机械钟，开始整点报时，从而使城市生活按照井然有条的常规展开。

2　关于电信技术和时间的使用在现代城市社会中的关系的文献与日俱增。参见 D. 格罗斯的《空间、时间与现代文化》，《目的》第50期（1981年）：第59-78页；D. 格罗斯的《暂时性与现代国家》，《理论与社会》第14期（1985年）：第53-82页；A. 凯勒曼的《时间、空间与社会：地理社会学视角》（多德雷赫特：克吕维尔出版社，1989年）；A. 凯勒曼的《阻断时间循环，重组城市空间》，《文化动态》第4期（1991年）：第38-54页；G. 劳拉特的《新型乌托邦：通信技术》，《目的》第87期（1991年）：第39-58页。

与者散布四面八方，他们散漫地发布和接收电邮信息，任意进出论坛。

窄带 / 宽带

如果你的带宽不够，你就成了新的穷人。这很简单，如果你没有足够数量的比特，你就不能直接从互联网受益。

这样带来的后果是显而易见的。如果决定传统城市里的房地产价值的因素第一是地段，第二是地段，第三还是地段的话（正如房地产行家不知疲倦地重复的那样），那么决定互联网连接价值的因素第一是带宽，第二是带宽，第三还是带宽。获取信息的能力被重新定义了。直接连进一条宽带数据公路就好比身处一座城市的中心区，而低波特率的网络连接就好比把你扔到了郊区，信息洪流变成涓涓细流，连接不是很多，互动也不够热烈。带宽的束缚正在取代距离的限制。一种关于土地利用和运输的新型经济正在兴起，在这种经济中，高带宽连接能力成为一种越来越重要的变量。

距离越远，架接高带宽电缆的成本就越高，因而信息的热区通常围绕高容量数据源形成，就像水井周围长绿洲一样。比如说，"智能"办公大楼可以架设自己的碟形天线进行卫星通信，铺设光纤链路与外部世界相连，并且建立起连接这些设施的内部宽带网络。大学可以将它们的内部网接上远程电信主干网，创建有优先权的、信息丰富的网络社区。人们可以建成集中了强大电信设备的信息港，为工业园区和金融区服务。[1] 电信村也可在乡村地区扮演与信息港相似的角色。[2]

这样一来，一些颇具争议性的公共政策问题冒出来了。美国的电话系统是为提供"普遍性服务"而设立的，不仅面向电信服务的盈利市场，还面向那些贫穷社区和边远偏僻、人口稀少的地区。在那些地方，提供服务的成本很高、用户很少。作为这项计划的一部分，电话公司成为受到管制的垄断者，未能盈利的服务由盈利服务来补贴。但是，作为信息高速公路的快车道，将为最高级服务所需的、带开关的宽带数字网络也要服从于如此崇高的目标吗？或者，它只为权贵服务，边远地区将被抛弃在信息泥路的尽头，慢慢凋零，而那些在经济上被边缘化的社区将得不到电信投资贷款？

广播带宽就不一样了。它是一个辐射中心、一种发射功率，而不是一种网络拓扑形态和电缆容量。电磁波频率就这么高，它就是一种被绝对固定在特定广播区域内的资源。同样，同步轨道卫星在克拉克轨道上的"停车位"也就这么多。[3] 因此毫无疑问，那些实力强大的组织会竞相争夺用户密集地区的比特辐射业务市场份额，这种竞争将会越来越激烈。这些组织还会

1　20 世纪 70 年代末期，纽约和新泽西港务局建起了第一个电信港。曼哈顿的办公大楼通过光纤链路与新泽西州的一个电信园区相连。电信港概况参见 A. D. 李普曼、A. D. 休格曼和 R. F. 库什曼合著的《信息港与智能城市》（伊利诺伊，霍姆伍德：道琼斯 - 欧文出版社，1986 年）。

2　L. 夸特鲁普，《北欧电信村：农村地区的社区电信服务中心》，《电信政策》第 13 期（1990 年）：第 59-68 页。

3　通信卫星地理布局简介参见 A. 凯勒曼的《微波与卫星通信》，《电信与地理》（伦敦：贝尔哈文出版社，1993），第 38-47 页。

像古代暴君一样，试图将人口集中地区牢牢控制在手中。[1]

完全没有网络连接，即零带宽，会把你变成数字隐士，被网络空间遗弃。互联网为人们制造了新的机遇，但一旦被它排斥在外，就成了一种新型的边缘化。[2]

[19] 偷窥／参与

因为享受宽带服务要花钱，所以大多数人不得不很少用宽带，这自然无法完全代替面对面交流。只有那些无可救药的技术怪人才会宁愿独自待在黑屋子里玩手提电脑，不直接与人接触。但其实这又有什么区别呢？面对面交流不就是比特多了点儿的结果吗？[3]（黑客有一种说法，带宽越来越宽，网恋越来越多，花样层出不穷：先是互发邮件，然后交换电话号码和照片，再然后是迈出一大步——见面，最后就上床。）随着电信技术的进步，可以预料宽带连接能力会越来越强，以机器为媒介的交谈和陪伴将越来越廉价。

---

1 对这个问题的生动分析参见尼古拉斯·尼葛洛庞蒂的《比特警察：FCC 会为比特辐射业颁发许可证吗》（译按：FCC 的全称是 Federal Communications Commission，美国联邦通讯委员会），《连线》第 1 卷第 2 期（1993 年 5 月/6 月号）：第 112 页。

2 我写这段文字的时候，大众媒体还在没完没了地谈论信息高速公路，殊不知美国大部分乡村学校连电话都没有。

3 事实上，我们当然是在讨论如何获得比这多得多的比特。从电信技术的角度看，要建立亲密关系就要动用所有感官并尽可能开放带宽。相反，脱衣舞表演（只能看，不能摸）和其他一般的色情挑逗往往靠关闭一些感觉通道。

电子交流的形式会越来越多样化，你看现在的视频会议既有声音又有图像。[1] 安装了视听感应装置的机器人感受器将会提供令人感觉身临其境的网真服务。智能外骨骼装置（数据手套、数字外套、机器人假肢、智能仿生皮肤，等等）既能感应手势，又能通过施加受控制的力量和压力，成为一个触摸式输出装置。你可以和远方的合作伙伴握手，开始业务洽谈；也可以向在另一个大洲的孩子传送一个吻，跟他说晚安。[2] 越来越多的运动机安装了电脑操控的动作和力量反馈装置，它最终将会变成我们具有反应能力的机器人运动伴侣（适用于任何力量和技术水平）。今天我们这些小儿科的窄带视频游戏将发展成为网上体育运动，像遥控扳手腕、网上乒乓球、仿真滑雪和攀岩。[3] 网络皮条客会制造出淫荡的网络妓女供人（很安全地）

---

1 带宽在这里非常重要，因为电信技术有一条粗略的法则：获得清晰视频信号需要的带宽大约是音频信号的一千倍。一张图片确实能抵千言万语。

2 目前有一种方法是将一个手势感应手套和一排排称为接触器的开关结合起来。当这些接触器被电流激活，就会向人的手指施力。人们还在研制一种气压缸，这种气压缸由电脑控制，像空气压力一样向手指施加可变化的阻力。还有一种方法是使用交流伺服马达驱动的操纵杆。这种操纵杆通过震动模拟穿越粗糙和高低不平的表面的动作，在遇到硬物或力场时会产生后推力。在更大的规模上，飞行模拟器和以运动为基础的娱乐乘坐游戏用水力夯锤向乘坐者施加短距离加速推力，使其感受到那种和乘坐在进行的车辆中相似的 G 力（译按：高速移动时承受力道的单位）。但最早有效应用力反馈装置的，也许是雅达利公司的视频游戏《极速快车》，一个方向盘向玩家传递坐在一辆开动的赛车中的感觉。

3 比如固定式健身自行车安装了越来越高级的电脑监视装置，用于监视使用者的物理反应、自动调节仿真地形的难度水平。日本电气公司（NEC）在东京的"虚拟滑雪"实验室发明了一套系统，能够感应滑雪者的头部位置、腿部动作、挥杆动作还有血流量和血压，还能够模仿真实的坡度，并根据使用者的水平进行调节。参见喜美子·伊斯汉姆的《除了骨折什么都会发生》，《连线》第 1 卷第 3 期（1993 年 7 月 /8 月号）；第 29 页。

做下流事。[1]（这个推断显而易见，只要想想出现电话之后，有人就不逛妓院改打电话叫小姐。）网络色狼会蠢蠢欲动，网络暴徒会随时给人一记拳头。

更高的带宽、更强的处理能力，以及为利用这些好处而设计的更高级的输入输出设备，将使一直以来由电脑屏幕边框划定的边界消失。通过佩戴头戴式立体显示器（这个概念很早以前就由莫尔顿·海利希提出了，直到20世纪60年代才由伊凡·苏泽兰率先制造出来，现在终于普及了），或者通过全息电视（很快就会面世），你就能身临其境，而不是仅仅通过一个小小的矩形窗口看一看。[2]这个区别很关键：你变成了居民、参与者，不再仅仅是旁观者。

由此产生的偷窥和参与之间的区别在一直强调真人现身的社会背景中，可以说是极其重要的。保罗·维利里奥提醒过我们，17世纪的神学家们曾经争论过，在望远镜里看到的弥撒究竟算不算弥撒。[3]他们理直气壮地得出结论：不算。直到今天，通过视频做弥撒仍然是专门为老弱病残准备的。但是，如果通过沉浸式、具有多种感知功能的网真形式做弥撒又会怎样？在虚拟教堂？

一旦我们同时拥有一个"真实的"三维世界和一个由计算机构建的"虚拟"世界，两者的区别就会变得模糊甚至消失。

1　后现代卖淫现在已经是一个被人谈滥了的白日梦（虽然记者一直瞪大眼睛对这种事作永不疲倦的猜测）。1966年，弗雷德里克·波尔在他的短篇小说《公元第一百万日》中对此事作了探讨。20世纪60年代互动式电脑色情片概况可参见约翰·蒂尔尼的《色情片：发展的低级动力》，《纽约时报》，1994年1月9日，星期日，第2版，第1页、第18页。

2　相关技术综览可参见格里戈利·伯迪和菲利普·考菲特的《虚拟现实技术》（纽约：约翰·威利出版社，1994年）。

3　保罗·维利里奥，《消失的维度》，（纽约：符号文本出版社，1991年），第60页。

伊凡·苏泽兰发明的头戴式立体显示器就用棱镜将模拟的三维物体插进了真实场景中。无论是通过电脑显示器的视频投影功能将模拟物体投射到真正的桌面上，还是通过计算机立体显示叠印技术将其叠加到真实场景中（像在一些先进的战斗机上一样），都将导致分割"真实"世界和"虚拟"世界的前台消失。你会发现自己正和演员们一起置身舞台之上，分不清哪是布景 21 哪是墙壁。

邻近／连接

　　当然，空间城市不仅仅是实现可达性最大化、促进面对面交流的活动浓缩体，还是用来组织和控制进入的复杂建筑群。它可以依照法律，根据地界和管辖范围进一步细分为地区、社区和公共绿地。这些地方被篱笆和墙圈成了一个个鸟巢似的围场。对于里面的居民来说，一旦你跨过门槛进入一个特定的地方，无论你是主人、客人、来访者、游人还是外来擅闯者，你的行为都承载着符号、社会和法律意义。是本地人还是外地人、是在自家的地盘还是在别人家的地盘、是在享受私人时间还是在出席公众场合、感觉像在家里一样舒服还是觉得来错了地方，这当中的区别历来大得很。现在我们在互联网上也是如此，但游戏有了新规则：表示接纳和排斥的建筑被完全非建筑学的语言重新解释了（如果我们仍旧将建筑定义为一种物质构造形式的话），你出入一个地方不是人到场，而仅仅是靠建立或者中断一些逻辑连接。

　　网络空间[1]里的场所是软件做成的建筑。这些软件无论在哪里运行——可以是网上任何一台计算机，也可以是多台计算机——都为我们创造了交流环境，即我们可能进入的虚拟区域。由文字处理程序创建的文本窗口就是这样一个地方。像这样的地方还有绘画板和三维建模，在这里你可以通过计算机辅助设计系统绘制或者观看建筑物图形。类似的还有由计算机操作系统创建的虚拟桌面、文件夹，超卡程序里面的"卡"和电子邮件系统里面的"邮箱"和"公告牌"。像在建筑和城市里一样，这些场所有着独特的面貌，在这里展开的交流受地方法规的约束（往往非常严厉）。"那里"的一个软件可以是一个屏显文本中的单维场所；可以是一个二维场所，在电脑桌面上存放东西；也可以是一个三维虚拟房间、仓库、图书馆、艺术馆、博物馆或者风景；而作为一个抽象的数据结构，它甚至可以有 N 个维度。

　　有些虚拟场所就像隐士的斗室一样小，一次只能容一个人；但有些则被设计成共享的入口或活动共同参与者聚集的场所，像可被多个职员更新的电子日历、允许多个设计参与者同时进入的计算机辅助设计文件、虚拟聊天室和会议室。当然，共享虚拟场所跟共享房间、床位或者下雨时的一把伞那样的实体场所并不完全是一回事。我们的身体无须近距离接触，也无须被圈在同一幢建筑或同一处自然界限之内。两者关键的区别

1　秃笔再一次战胜了利剑。这个词不属于高贵的技术谱系，首见于威廉·吉布森 1984 年的小说《神经漫游者》。很多电脑老手讨厌这个词，觉得它的含义现在有些粗俗。但它战胜了其他所有貌似可取的叫法，在语义上站稳了脚跟，所以我就用了它。

在于，共享虚拟场所能使我们同时获得相同的信息。它最简单的形式是将相同的滚动文本显示在多个个人电脑屏幕上；更高级的形式是居民们共享同样的二维图形，甚至同样的沉浸式、具有多种感知功能的虚拟现实。

网上那些共享的"室"常常会取个名字，有的直白，有的含蓄（就像酒吧或其他聚集场所的招牌一样），像什么调情角、同志吧、红龙客栈、浪漫联络点、星舰学院、青少年聊天室、三十而立、再生在线者、宠物聊天室，等等。你可以浏览菜单看到它们，碰到感兴趣的就进去看看，就像在街上泡吧一样。问题的关键不是你人在那里（像在传统的会面场合一样），而是要自己介绍自己，跟他人交流。在这些地方，参与者必须用这样那样的方式和别人打招呼并相互介绍自己，发出想聊天的信号，遵循开始聊天、退出聊天的约定惯例。所有这些只需要输入文本或（如果技术允许的话）激活计算机动画替身就能办到。

网络空间里很多场所都是公共的，就像街道和广场，进去不受控制；有些则属于私人空间，像邮箱和房子，要进去的话必须得有钥匙或者证明这地方是你的。（比如说，要进入我在麻省理工学院的私人电子邮箱，我必须向一个名叫刻耳柏洛斯[1]的代理守门人证明自己的身份，输入正确的密码。）有时候要进入某些场所还得付费，就像进电影院和酒店房间那样。但是，用软件筑起的墙在它建成之日起就能被破坏，门锁可以被砸烂，隐私可以被侵犯，草地可以被践踏。网络空间上已经有了非法的黑客和飞客，大批警察正在追踪他们。上面也有病毒和特洛伊木马，还有迅速增多的关于罪与罚的神话，那些精

1　希腊神话中地狱之门的守护者。——译注

彩的故事主人公包括：黑客 Acid Phreak 和 Phiber Optic[1]、克利夫·斯托尔（电脑安全专家）、追踪黑客的警官、假装不懂的键盘高手、巴基斯坦智囊病毒、子虚乌有的保加利亚病毒工厂，还有病毒引起的大面积互联网瘫痪。[2]

在电子空间里，你从一个地方到另一个地方，靠的不是真实的路径，而是逻辑连接。有时候这些地方被圈起来，形成严格的等级秩序，就像苹果麦金塔操作系统提供的图形用户界面那样。当你点击界面上的一个图标打开进入某处的一扇"窗"时，你就在这个等级秩序中上了一级，而当你点击这扇窗角落处的一个图标关闭它时，你就在这个等级秩序中退了一级，就像《绿野仙踪》里的多萝西，跺跺脚又回到了堪萨斯州。此外，在很多超媒体系统和冒险视频游戏中，流通系统会更加自由。这里每个地方都有可以点击的入口，通往其他许多地方，要多少有多少，你可以在迷宫里尽情漫游。（这些入口点的标志也许看起来像扇门，但这并不是最重要的。）想要遍游互联网广袤的领土，你可以使用像地鼠和马赛克这样的导航程序，这些程序可以使你沿着与其他机器、目录和文件连接的逻辑"路径"，任意进入其他人的电脑。[3]

点击吧，在网络空间尽情点击吧，这里是一座新的建筑长廊。

---

1 纽约市一个少年黑客组织的两名成员。——译注

2 类似于西方低俗小说的一个文学亚流派已经兴起，将这类故事用编年体的形式记录了下来。该主题的基本来源参见约翰·佩里·巴洛的《罪行与困惑》（1990 年 6 月 8 日）和《罪行与困惑之二》（1990 年 7 月 21 日）。这两篇文章可用文传协议（FTP）向电子边界基金会（eff@well.sf.ca.us）索取。

3 本书大部分调查和核实工作都是以这种方法，通过浏览、搜索、检索信息来完成的。我的研究助理安妮·比米什花了大量时间在网上搜索图书馆目录和数据库，下载论文、新闻报道和新闻稿。

比特城市

互联网是摆在我们面前的城市网站，邀请我们设计、建造一座比特城市（21世纪的首都），就像很久很久以前，位于美安达河畔的一个狭小半岛变成米利都城所在地。但是，这座新型城市会完全颠倒传统的建筑范畴，并将重新构建建筑师们从古说到今的建筑话语。

这座城市将不在地球表面任何一个具体地点落脚。它受连通性和带宽限制影响，不受可达性和土地价值影响。它的运行很大程度是异步的，里面的居民是没有具体形态的碎片化主体，以一群别名和代理人的形式存在。城市里的场所由软件虚拟而成，不是用石头、木头等实体建造。建筑之间通过逻辑链路相连，没有门，没有走廊，也没有街道。

我们该如何设计它？谁会是我们的希波达莫斯[1]？

1　米利都城的设计者，古希腊最著名的城市规划师。——译注

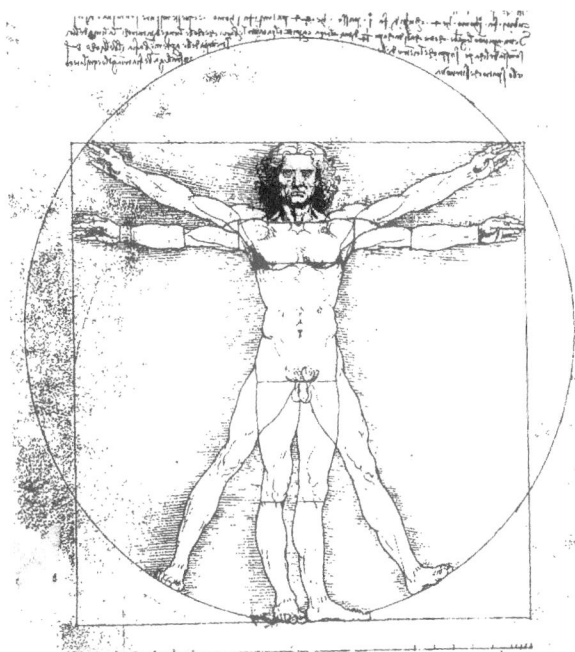

图 3　空间里的人体：维特鲁威人和割草者。

3

电子市民

维特鲁威人 / 割草者

科幻惊悚片《割草者》的高潮有这样一幕：当主人公乔布·史密斯的电子化身在网上快速移动时，他的肉身便在一个旋转球体里像展翅的鹰一样张开双臂，像达·芬奇画的那个维特鲁威人一样。镜头在这两个场景之间来回切换。乔布分裂的躯体恰如其分地暗示了数字和电子时代早期城市的角色——安置、取悦那些已经变成物理空间和电子空间交叉点的市民，就像那个被画在圆圈里的、比例完美的人体引发了人文主义话题，使得体现文艺复兴风格的城市以及阿尔伯蒂和布拉曼特设计的建筑应运而生。

看看周围吧，老式的分身游戏《猿猴》2.0 版现在已经不再为用户提供所需装备，他们已经完成了自身装备的升级换代。[1]

我透过窗户，注视着纪念大道上那些穿着耐克跑鞋的电子人。他们的肉脚用力踩在现实世界坚实的土地上，戴着随身听

1　17世纪，罗伯特·胡克清楚地预见了这一点，他在《显微术》（1665 年）一书的前言中写道："关于感官，我们接下来要关心的是如何用工具来弥补它们的不足，就是说要为人体加装人工器官……既然眼镜已经大大提高了我们的视力，这并不是不可能的，只不过我们需要用很多机械发明来改进我们其他的感官功能——听觉、嗅觉、味觉和触觉。"

耳机的耳朵里听着从虚拟世界发来的信号。这些在慢跑的人同时具有两副面孔，是半人半电子的两面神。他们跳跃着的身体跨越两界。

史蒂芬·霍金——一个电子人，他能说话。他这样算是说话吗？残存的肢体和装在轮椅上的音位变体发声器协同作用，就能发出电子语音。他的身体无法动弹，不能发出声音，只能用手指以难以察觉的方式移动操纵杆，从屏幕菜单上选择词语。软件和硅片把选中的词语还原成声音存储起来，组合成句子，然后通过扩音器输出。一种新的电子肉身构造物取代了传统构造的人身，变成了劳动实践和表情达意之所。

1991 年 8 月，马友友在坦格尔伍德的舞台上演奏了他的超级大提琴。[1] 他的手腕、琴弓和琴身都被接上了特殊传感器。一台计算机把这些传感器收集到的信号转换成合成声，这样一大群观众就能听到多个扬声器传来的音乐。演奏者、乐器、计算机和扬声器系统成为了一个生控体系统。他（它）的界限在哪里呢？

我无须离开我在麻省理工的办公室，就能给新加坡的一班学生上课。像那位高度瘫痪的物理学家和那位富有冒险精神的音乐家那样，我用巧妙的电子手段延伸了肉体传感器和效应器所能达到的有限距离——电脑屏幕上打开了一扇窗，一台远程摄像机临时成为了我的眼睛和耳朵。我可以坐在座位上控制它，就像它在我手上一样。同时，我的学生可以看见我，听见我说

1　这个超级大提琴是托德·麦克弗和他的团队在麻省理工学院的媒体实验室制造出来的。托德·麦克弗在《超级乐器：1987—1991 年进展报告》中，对其作过简单的技术介绍，该报告于 1992 年 1 月由麻省理工学院媒体实验室出版。另见托马斯·列文森的《驯服超级大提琴》，《科学》（1994 年 7 月 / 8 月号）：第 15-17 页。

话。我在远距离地展示并使用自己的身体。我在镜头前无意间整理了一下领带，然后猛然意识到自己面对的不是一面镜子，而是一个影像中的影像，我的观众正在世界的另一头看着它。我在远程呈现自己。

如今我们都成了电子人[1]。电子时代的建筑师和城市设计师首先要重新看待空间中的人体。[2]

神经系统 / 身体网

想象一下，你的手表和你的袖珍电脑可以连续不断地交流。电脑的电子钟为手表提供时间信息，因此手表蜕变成一件简单的、可以随处摆放的显示屏，不再有计时机械装置，也不再有调节按钮。同样，把摄像机跟电脑连接，就能获取图像的拍摄时间和日期。一个中央电子钟能取代这三件东西的功能，并使它们所显示的时间完美同步。电脑本身可以从美国国家标准与技术研究院的原子钟无线电广播获取时间信息，因此永远

29

---

1 cyborg，该词出自"cybernetic organism"（生控体系统），用于指代由人类智能赋予其行动能力并装备起来的人工躯体。例如在阿瑟·克拉克1956年出版的小说《城市和星星》中，人类把意念转入机器，使自己变成电子人。最近，这个概念被一些文化批评家采用，效果良好。参见唐娜·哈拉维的《类人猿、生控体和女性：自然的重塑》（纽约：劳特利奇出版社，1991年），以及马克·C. 泰勒《否定》中的一章"身体的背叛：不必活着"（芝加哥：芝加哥大学出版社，1993年），第214-255页。

2 对"建筑和城市空间中的人体"这一话题的介绍，参见理查德·桑内特的《肉体与石头：西方文明中的身体与城市》（纽约：诺顿出版社，1994年）。这里我们讨论的是肉体与比特的关系。

不需要调时间。

现在，让我们把这个概念拓展一下。我们想象你所有的个人电子装置，包括耳机音频播放器、手机、寻呼机、口述录音机、摄像录像机、电子记事簿、电子笔、数传电台、计算器、罗兰定位系统、智能眼镜、视频录像机遥控器、数据手套，还有为你计算步数、在有来车时发出闪灯警报信号的电子跑步鞋、医疗监视系统、心脏起搏器（如果你不够幸运）以及其他任何你习惯佩戴或偶尔携带的装置，都能被无缝连接到一个能使它们作为集成系统运作，并把它们连接到全球数字网络中去的无线身体网。这样，你就可以用你的电子记事簿为你的视频录像机预设任务，通过你的随身听接听寻呼信息，在你的智能眼镜里显示罗兰定位系统的坐标，把电子运动机上的生理数据下载到你的电子记事簿里，还能通过你的无线调制解调器把摄像录像机里的影像传输到很远的地方。当你在一个陌生的城市里慢跑时，你在电子记事簿上记录下你的路线，然后让你的随身听给你指路回酒店，这样你就算明白我的意思了。

微型电子产品发展到了这个阶段，你就需要一系列可以互换、安装方便并与外神经相连的器官。[1] 在这些电子器官和你的感应接收器还有肌肉的结合点，会有源源不断的比特流通过碳硅两种元素之间的空隙。通过它们搭建的通往外部数字世界的桥梁，你的神经系统就能接通到全球数字网络。这样，你就变成了一个组装而成的电子人，可以重构，也可以无限延伸。

试想一下，随着这些电子器官越变越小、跟你的联系越来

1　20 世纪 90 年代初，身体网技术迅速崛起。比如电子装置之间的红外无线通信就已经相当普遍。（一种价格低廉的个人通信装置在学生当中流行起来，这种装置具备红外通信能力，学生可以在课堂上用它静悄悄地传电子"纸条"）。

越紧密，它们会抛弃传统的硬塑料壳，[1] 变成像衣服那样可以穿戴的东西，柔软舒适又贴身，就像你的鞋、手套、隐形眼镜或者助听器一样。电线可以被织进布料里。小微装置甚至可以通过手术植入人体——电子心脏起搏器和人工耳蜗植入手术已经相当普遍；利用神经肌肉仿真系统修复脊髓损伤看来大有希望；关于植入人造硅视网膜的可行性研究已经相当深入，电子耳钉、电子鼻环或者电子文身也就不难想象了。[2] 一些小到可以被注射进体内的芯片已经被用来为野生动物贴标签并对它们进行跟踪，还被用来识别宠物。[3]

一旦你通过这种方法突破自身那副皮囊的界限，你便开始融入建筑。换句话说，就是你的一些电子器官可以装进你周围的环境里。这区别不大，毕竟这只是一部手提电脑和一部台式电脑之间，一块手表和一个挂钟之间，或者一个装进你耳朵的助听器和电话亭里一部为有听力障碍人士专设的公用电话之间的区别。这只是一个器官挂在什么地方的问题。在无线世界里，每一个电子装置都具备了一定的内置运算和通信能力，这个问题根本无关紧要。因此，"居住"这个词就有了新的含义，它与人的肉身居于何处由建筑来定义的场所无关，而与人的神经系统与附近电子器官的连接有关。你的房间和家将成为你身体的一部分，而你也将成为它们的一部分。

但是，你甚至不需要拥有自己的电子器官，它们也不一定要在你附近。想想在普通的老式电话服务中，当有需要时你就

1　工业设计师艾米利奥·安巴斯已经开始考虑如何设计"软手提电话、软手提电脑和软照相机"。参见《工业设计》第 39 卷第 3 期（1992 年 5 月 /6 月号）：第 28-29 页。

2　电子假体、植入器官及相关问题概况可参见加里斯·布莱温的《渴望被连线》，《连线》第 1 卷第 4 期（1993 年 9 月 /10 月号）：第 62-65 页，第 113 页。

3　《如何对猫进行扫描》，《纽约时报杂志》，1994 年 1 月 16 日，星期日，第 11 页。

租用通往远处一台装置的话路和接口。当连接点越来越密、带宽越来越宽、地域覆盖越来越广、接入网络的各种电子器官越来越多，这条原则也将适用于数字网络。一旦我们租用了外延的神经组织和器官功能，并根据自己需求的变化和可用资源调配好我们在空间里的延伸度，我们所有人都将变成强大的变体电子人，可以改装自己。试想一下在不远的将来某个夜晚，舒适合身的、与身体网相连的植入电子器官已经变得像棉花一样平常，你贴身的基础设施将你无缝连接到遍布全球的比特数据中去，而你穿的内衣里就有软件。现在是 11 点，穿着智能内裤的你，知道自己今晚在网上会延伸到哪里吗？

于是，对于电子人来说，内部和外部的界限是不稳定的。自己与他人的区别可以重新构建。差异只是暂时的。

当身体的边界和神经系统的限度变得模糊，或许形而上学家便会尝试将精神和肉体之间的问题修订为精神和网络之间的问题。一些人可能会说，电子人的大脑——这些后现代松果体——的位置再也不仅仅是在碳硅元素分界中湿的那一边了。

眼睛 / 电视

在历史上那些未被电子装置装备起来的人类眼里，空间和时间是延续不断的。一扇窗户把里面和外面分隔开来，但两边的场所是永远不变的，窗玻璃的两边没有时间上的差别。然而

32

在我们电子人生活的世界里，视频录像机的电子视网膜能产生转移和片段。房间和建筑物现在有了新型的窗户，我们透过窗玻璃看到的是经过调整的远景，两边的景象可以时时变换，动作有可能是一次回放。

早在1879年，《喷趣》杂志就预料到这一幕：一幅漫画呈现出假想的"爱迪生牌电话镜（能同时传送光和声）"在一栋舒适的维多利亚别墅卧室壁炉上打开了一扇视频窗。只见伦敦威尔顿街一户人家父母二人跟远在地球另一端锡兰的孩子们远程通话。事实上，这种电暗箱很快就变成了现实：1884年，保罗·尼普科夫为他发明的尼普科夫磁盘系统申请了专利，这个系统用于对图片进行机电能量转换，使其变成电信号，然后再译解到一个接收点上；1926年，约翰·罗杰·贝尔德发明了真正的电视系统；从1929年到1937年，英国广播公司用贝尔德发明的电视系统提供广播电视服务；1939年，在纽约世博会上，美国无线电公司展示了他们发明的阴极射线管电子电视系统；1975年，有线电视运营商开始从通信卫星接收电视节目。[1]《喷趣》上那幅有先见之明的漫画刊登一个世纪之后，美国有线卫星公众事务网和美国有线电视新闻网开始广播。

这里是英国剑桥，傍晚时分。我正坐在施乐帕克研究中心的一张桌子前。透过临街一扇积满灰尘的窗户，我能看见外面夕阳正从石头塔尖上落下。与此同时，透过面前一扇电子窗户，我看见加利福尼亚州帕罗奥图市施乐帕克研究中心总部里一间空荡荡的办公室。那间遥远的办公室里也有一扇窗，透过那扇

1　参看史蒂文·卢瓦尔的《信息文化：史密森尼学会丛书之信息时代的发明》（波士顿：霍顿·米夫林出版公司，1993年），可方便了解电视早期历史的总体概况。

窗，我能看见同一轮太阳正从黄褐色的帕罗奥图山上冉冉升起。我正身处一个媒介空间，这个空间通过向两端连续不断地提供开放式的双向电子视窗，将两幢相隔遥远的办公大楼紧密连接在一起。[1]

33 　　这里是利雅得一家别致的酒店房间。一扇单向电子视窗正连通美国有线电视新闻网在亚特兰大的新闻直播间。床头柜上摆着一个箭头，指向朝觐圣地麦加的方向；而屋顶上的碟形卫星却把新闻发烧友和失眠者的注意引向了乔治亚州。外面某处传来宣礼员广播的声音，晨祷开始了。在电子视窗的另一头，新闻主播正在快速总结当天的重大新闻提要，准备迎接下一个小时的到来。现在，同样的窗口在世界各地成千上万类似的酒店房间里打开。特德·特纳成功地用电子手段把这些房间组织成了一个巨大的、颠倒过来的全景敞视建筑。但是，这个吸引了世界各处电子细胞目光的反全景敞视建筑中心却是瞬间就可以跳转的。我们在看的时候，它一会儿转到伦敦，再转到悉尼、北京，然后又回到亚特兰大。而且，当视频录像信号（人们已经无法从视觉上分清它和现场直播之间的区别了）被切换进来时，它还可以及时调整回来。

　　这里是微软大亨比尔·盖茨在西雅图的家。房子内部的墙壁并不像看起来那样平淡无奇，它其实是一个巨大的平面显示屏。平时它看起来跟用普通建筑材料做成的墙面没什么不同；而一旦被激活，它就变成了一个能显示一切的电子视窗。建筑上的实与虚变得可以轻易地相互交替，内外部空间之间惯常的

---

1 施乐帕克研究中心对媒介空间的研究可参见莎拉·A.布莱、史蒂文·R.哈里森和苏珊·欧文，《媒介空间：视频、音频和运算》，《ACM通讯》第36卷第1期（1993年1月）：第28-47页。

关系被扭曲成一个令人咋舌的悖论。《喷趣》上那幅古老的漫画再次在我脑海中闪现。

这里是麻省理工的克雷斯吉礼堂。一场纪念人工智能先驱马文·明斯基的集会正在举行。舞台半空中有个洞，那是一个视频窗口，上面显示的是斯里兰卡（就是过去的英国殖民地锡兰）一间放满书籍的书房。亚瑟·克拉克并没有离开他位于热带的家，但他走进了我们的视线，为我们作了主旨发言，还回答了听众提问。1993 年，这个临时装配起来的电子装置力作还是个稀罕物，但我们能从商业网页和听众的议论中得知，人们正争相发电报与美国方面联系，要购买这种双向互动视频装置。我们很快就可以根据需要，随时随地在半空"凿洞"了。[1]每一处连接网络的场所，窗外都有可能出现这样的地方。

场所的边界曾由墙壁和边界来划分；一天曾由日出和日落来定义。但我们这些视频电子人看待事物的方式就不一样了。互联网变成了一根遍及全球、跨越时区的视觉神经，它的末梢连接着电子眼。

耳朵 / 电话

这里是美利达一家名叫皮恩·孔特雷拉斯的咖啡馆。我一

1　这个比喻源自视频艺术家基特·加洛威和谢莉·拉比诺维茨 1980 年的项目《空间的洞》。两位艺术家在加利福尼亚州世纪城购物中心和纽约林肯中心两个地方的户外公共步行空间之间建立了双向视频连接，过往行人的影像几乎以同样大小的比例被放映出来，这样大陆两头的行人就能彼此偶遇。

边喝着蒙特霍啤酒一边听一个三人组合乐队弹唱。这是一种人们非常熟悉的传统安排。在一个公共场所里面，歌手和听众保持着能轻易相互看见和听见的距离。场上的音乐把所有人都带进了一种面对面的同步关系中，直到表演结束。

几乎与此同时，弗兰克·辛纳屈正用沙哑的嗓音和一帮不大可能是他搭档的人在唱着二重唱，声音越来越小。[1] 但他的蓝色眼睛看不见他们，听众也见不到辛纳屈本人。他们唱的是《再献我的宝贝，再献信息高速公路》[2]。辛纳屈像往常一样藏在好莱坞国会唱片公司的录音棚里唱，网上一些陌生人则通过防失真光纤线用各自的声音远程轻和，他们之间的距离可一点儿也不近。这些人中有曼哈顿那个唱《纽约，纽约》的东尼·班尼顿，有巴西的丽莎·明里妮，有底特律的艾瑞莎·弗兰克林，还有遍布世界各地的其他人。[3]（这里面的时间差不像卫星连接那样明显，几乎察觉不到。）制作人菲尔·雷蒙用数字手段将这些看不到演唱者的歌声收集了起来。最后，我和千千万万其他上班族一起，将车上的立体声收音机调到同一个电台，收听到了最终成果。当时正值交通早高峰，我开着一辆租来的车去奥克兰，正途经海湾大桥。有批评者在《纽约时报》上不屑地说："不管这歌有多好听，它能算是二重唱吗？二重唱意味着两个表演者面对面进行自发的互动和相互应答。这些

1　《二重唱》，由菲尔·雷蒙制作（国会唱片公司，1993 年）。

2　"One More for My Baby and One More for the Information Superhighway"。此为戏称。辛纳屈有一首作品名为 "One for My Baby and One More for the Road"（《一曲献给宝贝，一曲献给长路》）。——译注

3　该过程和所用技术简况可参见安东尼·拉米雷斯的《专辑大碟：只是一个电话的距离》，《纽约时报》，1993 年 10 月 7 日，星期四，D1 版。另见美国全国公共电台，《评弗兰克·辛纳屈的最新专辑〈二重唱〉》，周末版文字稿，1993 年 11 月 13 日，星期六，第 18 段。

表演者广泛分散在不同时区、地区，这样一段录音显然不符合条件。因此，把这张唱片称作'二重唱'好像名不副实。"[1]

在美利达的三重唱表演发生在夜晚某一特定时段和某一地点。我出现在那里的方式也很老土：亲自去，不带任何电子设备。而引发争议的辛纳屈二重唱却是由电子人在电子空间里造出来的。这种电子人的出现可以追溯到1876年3月10日，波士顿大学演讲学院发声生理学教授亚历山大·贝尔率先用一根电线成功把一只机电耳和一个机电语音盒连接起来的那一刻。我只能用我自己的听觉器官去收听这种表演，如果我想到现场去听，到头来很有可能发现根本就没有现场。随着我们身上语言和听觉器官的不断增加、更替和时移，不仅我们的身体构造发生了变化，就连我们与城市空间和时间节奏的关系也随之改变。

电话并没有取代人们面对面的接触。的确如此，当初贝尔接通电话后说的第一句话就是："华生先生，到我这儿来一下，我要见你。"电话只是创造了一种新的联系方式。它延伸了交流圈和居住圈，并对其进行了重新定义。现在大家对电话已经习以为常，但这种听觉的超延伸装置曾一度令人觉得不可思议。阿维塔尔·罗奈尔提醒我们，当年马戏表演者菲尼亚斯·泰勒·巴纳姆"就不愿意在人前显摆他的电话机，怕这个会说话的人体残肢会吓坏观众。这倒是很有可能，尽管失去四肢的人体在当

36

1　汉斯·方泰尔，《辛纳屈的〈二重唱〉专辑：是音乐录音还是技术魔法？》，《纽约时报》1994年1月1日，星期六，第11版，第23版。威廉·沙费在一篇题为"艺术对花招"的专栏文章（《纽约时报》，1994年1月3日，星期一，A23版）中补充说："《二重唱》是一系列假冒艺术品。歌手不在一处唱，相互没交流。辛纳屈哼哼哧哧地唱，其他人——通过电话——制造假和声。"

时仍然被认为是可以接受的"[1]。

一个虚拟三维音像定位系统可能会令巴纳姆的忠实观众更加吃惊。这种新发明的智能数字装置能在特定地点播放电子合成音或者经过重新制作的声音。[2] 它能在我们周围发出虚拟鸡尾酒会的声响，听起来就像来自空间中的空白点。

但现在我们不一样了。我们这些使用电话的电子人舒舒服服待在家里，这里充满了各种不见说话人的声响——在空间和时间上都与原话错位的讲话，不需要舞台和观众席的表演，也不需要面对面的交谈。人们见面的地方在城市地图上是找不到的。

肌肉 / 作动器

突然间，我感觉到了强烈的地震，但我一点儿也不担心，因为我这是在一张由电脑控制的液压驱动振动台上玩。这个装置通常用来做地震安全性结构原型测试。我正在感受的是一次根据地震仪数据制造的模拟地震。机械性的肌肉移动了我的身体。

这里是拉斯维加斯的卢克索酒店赌场。跟其他付费顾客一

1　阿威塔尔·罗奈尔，《电话簿：技术、精神分裂症与电话音》（林肯：内布拉斯加州立大学出版社，1989 年），第 301 页。

2　伊丽莎白·M.文策尔，《虚拟声学显示的定位》，《现场》第 1 卷第 1 期（1992 年冬）：第 80-107 页。

样，我一头扎进了一台更加先进的运动模拟器中。¹ 我们面前的一个广角屏幕里，呈现出一幅飞行员视觉中飞机在一个奇幻的三维环境中作高速、扭转、调头和俯冲飞行的情境。座位的加速与投影精确同步，制造出相应的重力和颠簸效果。在一片宽广的虚拟地形上坐过山车令人胆战心惊、翻肠倒肚，但事实上我们只不过移动了几英尺，自始至终都待在同一间小黑屋里。感觉中动作的幅度远远大于实际动作的幅度，这些都是通过巧妙编程设计出来的。

这里是阿纳海姆会议中心。我和许多制图极客和下了班的嫩模一起，在排队试玩世嘉公司的 R360 游戏机。道格拉斯·特鲁姆布为卢克索酒店拍摄了一部太空漫游片，里面的滑行动作极其惊险刺激，但这些动作都是沿双轴进行的；而这款游戏机却能进行 360 度的旋转。我需要戴上一个头戴式显示器，而不是盯着一个投影屏幕，这样就能制造出像超人一样飞行的幻觉。太刺激了！

实际动作和感知中的动作现在可被截然分开。我们这些可以进行远程传送的电子人发现了牛顿定律的漏洞。

---

1 将基于运动的模拟装置用于娱乐可一路追溯至早期露天游乐场里的旋转木马，那些上下跳动的木马是给小孩子骑的。现代基于运动的模拟装置被应用于基于地理位置的娱乐（LBE）设施时，一般都装有电脑控制的液压作动器，推动乘坐者沿三条平移轴或旋转轴移动。参见史蒂文·克拉克-威尔逊《虚拟环境的设计——增值的娱乐》，《计算机图形》第 28 卷第 2 期（1994 年 5 月）：第 102-104 页。

手 / 遥控装置

这是一张手术台。一把外科医生的手术刀精确地划过一只眼球的表面，留下一道小切口。但这把手术刀是遥控操作的，医生远在千里之外。他手里握着一个力反馈装置，眼睛看着视频监控器里的一个医疗成像系统。

事实上这是一场模拟手术，手术刀切开的只是一颗葡萄。但在 20 世纪 90 年代初，机器人手术和远程手术曾一度成为热门的研究课题，类似这样的试验进行过很多次：组织切除手术在鸡胸上进行过；脑手术在西瓜上进行过。[1] 运用机器人装置进行一些要求精准度高、动作迅速的手术已经有了成功的例子：1991 年 3 月，在伦敦沙夫茨伯里医院，世界上第一个主动外科手术机器人在一个活体病人身上进行了一次前列腺手术；[2]1992 年 11 月，机器人医生（一条特制的机器人手臂）帮助一名 64 岁的萨克拉门托男子进行了髋关节置换手术。[3] 专用的遥控装置越来越成为电子人器官功能的重要组成部分。

用机器人来延伸人的活动范围，理由多得数不清。如果你是一名熟练的外科医生，你可能希望借助遥控技术在更大的范围内发挥你的专长，或者你仅仅是想远离像战场、芝加哥南部

1　Y. S. 郭、J. 侯、E. A. 约恩克海勒和 S. 哈亚提，《精确度更高的绝对定位精度机器人在 CT 导向立体定向手术中的应用》，《IEEE 生物医学工程会刊》第 35 期（1988 年）：第 153-160 页。

2　W. S. 吴、B. L. 戴维斯、R. D. 希伯特和 A. G. 蒂莫尼，《机器人手术：在经尿道前列腺电切术中的第一手经验》，《IEEE 医学与生物学工程》第 12 卷第 1 期（1993 年 3 月）：第 120-125 页。

3　查尔斯·佩蒂特，《机器人在手术室的成功应用：萨克拉门托男病人术后两天可以行走》，《旧金山纪事报》，1992 年 11 月 10 日，A4 版。

这样的危险地带；如果你是一名宇航员，你可能希望使用望远镜，而不用亲自到一些遥远、隔绝的地点去；如果你是一名火山学家，你可能不愿意爬下一座活火山的火山口去考察；[1] 如果你是一名建筑机械操作员，你可能更希望在一个舒服、安全、有空调的办公地点上班，而不是在噪声震天、布满灰尘、让人头晕脑胀的驾驶室里；[2] 如果你是一名警察或者拆弹专家，你可能合情合理地希望不用置身险境就能完成危险的任务；[3] 如果你是一名行星地质学家，你可能无法亲自踏足你想探索的地带；[4] 如果你意识清醒，你不会愿意跟医学实验室里的传染性标本近距离接触，或者在紧急情况下靠近核电站、危险化学品厂。赶紧配备合适的视频眼和机电手吧！

就像手臂长的拳击运动员被打中下巴的机会比手臂短的拳击运动员少一些，用遥控武器武装起来的电子战士可以安全地待在编队后方，避免到前线拼杀的危险。在海湾战争中，遥控武器首次在战场上扮演了重要角色。[5] 无人驾驶飞机在天空中嗡嗡作响，这些遥控的无人机被用来跟踪伊拉克部队、确定

---

1 1993 年，美国国家航空航天局试图把一个有八条腿，名叫弗吉尔的遥控机器人放进南极洲埃里伯斯火山口，结果因为一根电缆断掉失败。1994 年，但丁 2 号机器人被成功送进了阿拉斯加的斯珀火山口。参见沃伦·E. 利里，《机器人正在活火山内部接近目标》，《纽约时报》，1994 年 8 月 2 日，星期二，C8 版。

2 类似应用简况参见大卫·C. 丘尔布克，《现实中的应用》，《福布斯》，1992 年 9 月 14 日，第 486-490 页。

3 参见《枪手被机器人缴械》，美联社在线，1993 年 9 月 5 日，星期日。这则新闻讲述了马里兰州一个警局用遥控机器人成功缴获藏身壁橱的成人嫌疑犯的枪支。报道称："一名处于安全距离的消防队员操控着机器人。机器人在他的指引下，一边打开壁橱的门，一边通过摄像头传送现场情况。"

4 迈克尔·W. 麦格里，《野外地质学家出现在如火星般的地形中》，《现场》第 1 卷第 4 期（1992 年秋）：第 375-403 页。

5 该描述基于阿尔文和海蒂·托夫勒，《战争与反战争》（波士顿：利特尔 & 布朗出版社，1993 年），第 111-112 页。

³⁹ 导弹地点、搜寻地雷和观测轰炸效果。美国第82空降师用指针号无人机在基地外围巡逻，德国扫雷舰则用遥控巡逻艇执行巡航任务。将来，用来拿武器的手可能会变得更长。1987年《军事评论》杂志上一篇文章预测，"从生理学上说，必要时战士可望长到三英里高、二十英里宽……我们有望创造出在机器人或遥控飞机掩护下出征的未来战士"[1]。人们正在重新制造巨人葛利亚斯。

相反，如果机器人装置被做成昆虫大小，人们就可以用它来接近我们够不到的地方，操控那些手拿不起来的小东西。1988年，罗德尼·布鲁克斯在麻省理工发明了一个蟑螂大小的机器人，用它来制造只有一毫米长的压电马达驱动蚂蚁机器人。他说，这些机器人可以爬进人体动脉对其进行疏通，重新连接断掉的中子，或者在眼球上滑行，做视网膜手术。[2] 微型遥控装置和机器人似乎特别适合做腹腔镜手术，在这种手术中，工具和摄像头通过非常微小的切口嵌入人体，医生则可能在很远的地方，通过视频监视器观看手术。波士顿大学教授、微电机装置发明者约翰内斯·斯密茨说，微型电机窃听器还可以用来做间谍："试想如果你可以控制一只蚂蚁，你能够让它做什么。你能让它走进中情局总部。"[3]

你可以不用普通摄像机而用显微镜，你可以不用人体大小

---

1 小弗雷德里克·蒂莫曼尔上校，《未来战士》，《军事评论》（1987年9月）。相关技术的更多信息参见史蒂文·M.沙克尔和艾伦·R.怀斯，《无人战争》（华盛顿特区：佩尔加蒙-布拉西出版社，1988年）。

2 罗德尼·布鲁克斯、安妮塔·弗林和李·塔夫罗，《模糊地带与奠基石：昆虫机器人的双重特征》，麻省理工学院人工智能实验室，1989年。

3 埃德蒙·L.安德鲁斯，《蚂蚁机器人可做工具或微型间谍》，《纽约时报》，1991年9月28日。《BCS技术》1993年5月号第3-4页对硅蚂蚁的构造有简单的介绍。

的遥控机器人而用微型操控器，这样你就能探索原子般大小的事物，在一个新的世界里施展一番拳脚。比如说，北卡罗来纳大学和加利福尼亚大学洛杉矶分校研制的纳米操纵系统用一个头戴式立体显示器来查看数据。这些实时数据来自一台扫描隧道显微镜。这台显微镜的探针针尖被用作操纵器，一条力反馈臂就像镜面上的一只纳米手，摆弄着上面的东西。[1]起码，人们已经在认真考虑研制超小纳米机器人的可能性，这种机器人能在人体静脉和动脉中游走穿行，并做分子层面的外科手术。[2]

40

所有这些都是一项革命性进程的结果，这项进程始于 18 世纪下半叶，科学家们开始将一个设想付诸现实的时候。这个设想就是通过电线传导电流，使人能远程完成一个动作。[3]早期的试验要么制造出了电火花，要么移动了木髓球。到 19 世纪初，关于电报这种远程书写的可能性已经有了很多科学猜想。到 1843 年，塞缪尔·莫尔斯在华盛顿和巴尔的摩之间成功架设起一条长途电报线，并发送莫尔斯编码信息"上帝创造了何等奇迹"开通了线路。19 世纪 90 年代，威廉·克鲁克斯在设想一种"崭新的、震撼人心的"可能性——无线电报。20 世纪初，古列尔莫·马可尼向大西洋彼岸发送了一个无线电信号（马可尼的首条跨大西洋信息带有现代简约主义的某种特征，它就是一个单脉冲信号，只有一比特大）。今天，任何一台连接全球电信网络的装置都有可能成为任何人在该网任何地方的动作站点。虚拟现实研究者沃伦·罗比奈特对从电报到身体网真的进

1　沃伦·罗比内特，"合成体验：推荐一种新的分类法"，《现场》第 1 卷第 2 期（1992 年春）：第 229-247 页。

2　埃里克·德雷克斯勒，克里斯·彼得森和盖尔·佩尔加米，《为未来松绑》（纽约：威廉·莫罗出版社，1991 年）。

3　卢瓦尔的《信息文化》讲述了电报和无线电报的早期历史，对读者非常有用。

程作了这样的推断："视觉网真技术或许用不了几年就会被广泛应用。这样，人瞬间就可以虚拟旅行到一个遥远的地方，就像现在的电话只能用来听一样。到那时，如果大多数可控装置被连接到通信网络，人就有可能在虚拟旅行到远方一个地点之后，通过那边站点的作动器做动作。"[1]

我们这种远程遥控电子人不像达·芬奇的维特鲁威人那41样，可以被放进一个规整的弧形里，让弧线扫过张开的四肢。我们的支配力没有限制——没有上限也没有下限，我们没有固定的大小。

大脑／人工智能

这里是东京一条不知名的街道。像往常一样，在这座又大又乱的都市里，我完全迷失了方向，不知自己身在何处。于是，我的同伴轻松按下他汽车仪表板上的一个按钮。"哔"的一声，这个日本最新的消费型电子产品开始工作了。它马上在全球卫星定位系统里找到了我们的坐标，在汽车仪表板上展示了一幅详细的街道地图，并用箭头标出了我们的位置和方向。[2] 我们

1　罗比奈特，《合成体验》。

2　这发生在 1993 年。在美国，同样的技术出现得晚一些。参见马修·L. 沃尔德，《选择奥尔兹莫比尔自导航汽车》，《纽约时报》，1994 年 1 月 5 日星期三，D2 版，以及马修·L. 沃尔德，《用电脑为你的汽车导航》，《纽约时报》，1994 年 2 月 8 日星期二，D5 版。该技术的介绍性综述参见罗伯特·L. 弗伦奇，《知道要去哪儿的汽车》，《未来学家》（1989 年 5 月 /6 月号）：第 29-36 页。

靠导航功能行驶在从新宿到浅草的错综复杂的公路上，系统不断地更新显示屏，显示我们当前的位置。它自动地转动地图、重设中心位置，使箭头始终保持在地图中间位置的下方，并指向前方。我们周围的真实城市和为我们指引方向的视频城市相得益彰，堪称完美。

但这仅仅是开始。除了显示地图，一辆知道自己位置，并能从地理编码信息数据库里提取方位信息的汽车还有很多本事。[1] 比如说，它可以在网上的旅行指南搜寻有趣的事情，并在经过那个景点时为你解说。编程再高级一点的汽车能知道你对什么感兴趣，比如说某地的历史有什么亮点、人口有多少、有什么农产品，然后就像一位既博学又周到的同伴一样，挑你感兴趣的东西向你介绍。如果你开着一辆货车在送货、在看房地产、在做选民调查或者在执行其他特殊的工作任务，需要了解沿途建筑物和居住者的信息，系统也会给你提供。它能为旅行者处理紧急的实际问题——指引你到最近的加油站或者一家价钱公道的中餐馆，或者帮你找地方过夜。它还能告诉你附近有什么活动，有哪些场所开放。

硅片智能汽车还可以计算出从当前位置到指定目的地的高效路径。在路网中找出一条最短的路，用一个软件就可以了（虽然当路网很大的时候要费些劲），它会把关于当前交通状况的任何信息作为因素算进去。选好的路径可以仅仅在仪表板的屏幕显示，但要做成从一个机器人幕后驾驶员嘴里发出的指示也不难。它会对你说，"前面路口左转"、"你转错了弯"，

42

---

1 有一种相当发达的技术叫地理信息系统。随着地理定位和移动计算技术的发展，将地理信息系统资源精确输送到该领域需要它们的地方变得越来越可行。

等等。如果再加装一些简单的语言识别功能，司机甚至可以问它："现在怎么走？"

不光汽车能感应出自己在道路系统中的位置，道路系统也能装上电子感应器，监测汽车所在的方位。因此，传统的收费亭和匝道信号灯要升级换代了。通行费原则上要根据道路的拥堵情况随时调整。[1] 这样，一辆智能汽车的任务就不单单是计算到达某地最短或者最快的路线了，它还要计算最便宜的路线，或者一条稍快又不至于太贵的路线。将来，在城市之间旅行将离不开智能汽车和智能道路系统之间源源不断的信息交换。[2]

神游之际，不禁想起罗伊·罗杰斯和他那架名叫"扳机"的马车。那架车畅行无阻，有很多智能装置。"扳机"永远都知道自己在哪里，必要时能找到回家的路，还时刻清楚主人的心思。一匹马和一个牛仔合为一体了。但当马匹在我们日常生活中消失，只留下车厢，里面的智能装置也就没有了用处，这当中有一段技术差距需要填补（罗伊和他的吉普车之间肯定没有这样的默契）。现在，越来越多的电子设备正在填补这种差距。用不了多久我们的汽车就能实现智能化，起码能像"扳机"一样聪明。汽车和驾驶员之间的关系也将回到牛仔和马匹模式。当汽车变得更加智能，没有了马的马车可能就会演变成无人驾驶汽车。

---

1 了解具有灵活性的电子道路使用定价及相关理念，参见 M. 赫普沃思和 K. 达卡特尔，《信息时代的交通：车轮与电线》（伦敦：贝尔哈文出版社，1992 年）。加利福尼亚州奥兰治县 91 号公路其中一段引进了自动车辆识别装置、电子传感器和一套"拥堵定价"系统，以缓和交通拥堵问题。参见苏尼尔·拉坦，《不堵车的路：工程师正融合电脑和混凝土缓和驾车最头疼的问题》，《财富》，1992 年 7 月 13 日，第 83 页。

2 相关问题的技术介绍参见普拉文·瓦莱亚，《智能道路上的智能汽车：控制问题》，《IEEE 自动控制会刊》第 38 卷第 2 期（1993 年 2 月）：第 195-207 页。

因此，我们正开始用新的方法了解和使用我们的城市。城市理论家凯文·林奇很久以前就指出，人的认知和城市形态之间存在着一种基本关系——有知识的本地居民经过耳濡目染在大脑中形成的本市心理地图非常重要。有了这些心理地图和那些在城市中指引方向的地标、边线，居民就会觉得城市熟悉易懂。但对于我们这种人工智能电子人来说，在街道上穿行和获得城市资源的能力并不都在我们的头脑中。我们越来越依赖我们的电子延伸设备——智能汽车、手持装置以及由电子定位系统提供的隐形地标——在城市中为我们指引方向，获取和处理我们对环境的知识，把我们带到想去的地方。

在那里

一千年来，建筑师们一直在关注人们被皮肤包裹着的身体及其身边的感官环境，思考着如何提供庇护、温暖和安全，如何使光线照到它周围的表面上，如何为交谈和听音乐创造条件，如何安排材料的硬软糙滑，如何使房屋通风透气。而现在他们必须要考虑的是被电子装置装备起来的、可以重组的虚拟身体。它可以远程感知和行动，但它的一部分仍然固定在身边的环境中。（在《神经漫游者》中，网络空间完全遮盖了物理空间，从而制造出一种完全无形的电子存在物。这种幻想表现出来的不是实际情况，而是理论局限。）

44

　　你戴着随身听坐在公共汽车上，脚放在地板上，眼睛看到的是周围的实体环境，但一个电子听觉环境会遮蔽你身边的听觉环境，你的耳朵就到了另一个地方。当你在一个虚拟现实的游乐场里戴上头戴式立体显示器，玩 Dactyl Nightmare 游戏，你身边的视觉环境就被虚拟空间取代了；但你的触觉提醒你，你仍然处在一个被实物包围着的环境中，只不过现在看不见罢了。当你把一个视频会议视窗调到一个遥远的时区，镜头对着周围的环境，你就能对比黑夜和白天、冬天和夏天。实体空间里的建筑和（身体位置确定但其电子延伸物却不固定的）网络空间里的建筑通过复杂的方式相互叠加、缠结、混合。建筑空间和体验传统上的统一性已经被打破，就像很久以前戏剧表演的统一性在舞台上破碎了。现在，建筑师们需要根据这种新形势来进行设计。

　　回顾过去，我们这些经过多重装备的电子人会认识到，我们要感谢的实在太多。但我们不应该忘记我们的根——那些漫长的、没有硅片的世纪里的文化。那时候我们祖先做的所有事情都必须依赖原生质。他们没有机会延伸他们的神经系统或者对他们的身体进行升级，因此他们建造了居住地——楼房和城市。这些地方经过精心设计，大小刚好适合原始设备的比例和体积，便于经常进行面对面、眼对眼、听得清、够得着的联系。

　　在前电子人生活的地方生活是一种非常不一样的经历。你真该体验一下那里的生活。

图 4　人类建起的第一幢建筑为聚集提供了物理空间。图为 1876 年维欧勒-勒-杜克的猜想。

图 5　网真技术为聚集创造了虚拟空间。图为 1878 年《喷趣》一位漫画家的猜想。

4

重组建筑

当我们变身为电子人，安置我们身体的建筑也在变形。电信系统逐渐取代流通系统，数字信息逐渐瓦解传统的建筑类型。我们熟悉的建筑形态——消失，重组起来的碎片残余成了突变体。

外观／接口

首先，让我们回顾一下历史。不久以前，世界看起来还没那么复杂，建筑物与机构一一对应，使其清晰可辨。建筑通过为行业、组织和社会群体塑造公众形象，扮演着不可或缺的代表性角色。消防队是消防员住的，校舍是学者住的，监狱是用来关犯人的。凡尔赛宫里住着皇帝和他的朝廷，赫然眼前的建筑形式明白无误地宣示着王权，就像北京的紫禁城和德里的红堡。那里是帝王号令天下的地方，那里也是篡权者朝思暮想的地方。众所周知，董事会议室设在最顶层的底特律通用汽车总部大厦是抽着雪茄的行业领袖们经营公司，同时为国家利益运筹帷幄（他们是这样认为的）的地方。人们根据建筑物的不同用途区分它们，它们的各种用途代表着社会分工和社会结构。罗马建筑学理论家维特鲁威在阐述建筑得体原则时意识到这一点。他指出，建筑形式要与目的和社会地位相适宜。法国前卫建筑学家勒杜曾经想展示一套新的社会秩序的可能性，他设计并画出了他的乌托邦硬件——会说话的建筑，这些建筑物能适应经过重组的机构，并生动说明这些机构的作用。

在这种一贯熟悉的环境中，一幢建筑物的内部结构——它的细分部分、由流通系统建立的各部分间的相互关联、私密和控制之间明显的层次——反映了机构的结构，并通过物理空间为该机构中人们的活动模式作了图解。生活和砖石砂浆是相互依存的，就像蜗牛和它的壳一样。如果它们之间不匹配，那么要么修改建筑，要么强迫机构去适应。温斯顿·丘吉尔以其最为雄健的风格就英国国会大厦说过一句话，他说："我们建造了建筑，建筑也塑造了我们。"[1] 这句话现已成为格言，经常被人引用。

但今天，软件的重要性逐渐超过了硬件。比方说 20 世纪90 年代初，哥伦比亚大学取消斥资 2000 万美元为该校法律图书馆建造一幢副楼的计划，改为购买一台连接机（一台最新式的超级计算机），并着手以每年一万册的速度扫描和储存破损的旧书。[2] 读者借书再也不用先查阅卡片目录，再从书架上取书；也不再需要打开书先在目录或索引里查找感兴趣的主题，

---

1 对该论点更新的论述参见兰登·温拿，《鲸鱼与反应器：探索高科技时代的极限》（芝加哥：芝加哥大学出版社，1986 年）。

2 威廉·M. 巴尔克利，《图书馆从藏书到电脑的转变》，《华尔街日报》，1993 年 2月 8 日，星期一，B4 版。

然后再一页页翻到想看的内容。他们只需在计算机工作站输入查询（用通俗的英语），就能获取存储文件的清单，搜索这些文件就能找到相关的内容。[1]图书馆扩建的设计和施工已经被彻底重新定义。它的任务再也不是设计建造一幢储存区和借阅区分开、能容纳不断增加的藏书的大楼，而变成了为计算机工具设计和编程，使其能够存储、查询、检索并显示数字编码文本。从此，图书馆将在软件中变得可以扩展和重组。

今天，机构通常不仅仅通过建筑物及其陈设来体现，还需依靠电信系统和计算机软件，其数字化、电子化和虚拟化的一面正日益取代物理性的一面。很多时候，存储比特数据正在代替存储像书本这样的实物，从而减少了对建筑空间的需求。电子链接正在取代实体可达性和建筑内部流通系统搭建的便道，弱化了准入规则过去在建筑空间的集聚和组织中一度发挥的强大作用。由计算机生成的图形显示正在取代建筑物的外观，成为当今各种机构的门面，正如今天把人们领进银行的是一台自动柜员机的屏幕，而不再是商业街上一座新古典主义高楼的大门。

丘吉尔的妙语该更新了。现在，我们建造了网络，网络也塑造了我们。

---

1 它还有另外一些好处。书籍容易破损，但比特不会损坏。人们可以用数字格式将书页存储起来，在需要的时候用无酸纸重新打印副本，使容易受损的古书得以保存。

书店 / 比特店

这一轮改组最显而易见的重点是信息产业。想想该产业最为人熟悉的建筑体现之一——书店的命运，我们会很受启发。21 世纪，我们上哪儿去找《匹克威克外传》呢？

用古腾堡印刷术印出来的书籍、杂志和报纸现在面临着发行的问题。纸质文档可以在集中地点快速大批量生产，但它们随后便需要库存、运输、在零售店上架，直至最终被人买走打开来阅读。人们需要为所有这些活动修建有特殊设备的场所：出版社、印刷厂、仓库、书店、报亭、摆放有杂志的休息室或等候室，还有火炉边的一张安乐椅。这些地方合理分布在城市各处，扮演着区分这些场所以及在这些场所里展开的各种活动的重要角色。假设没有了那家"城外新闻"书报亭和各种各样的书店，哈佛广场就不会再是现在这个样子。

音像制品催生了相似的场所和空间结构。很久以前，唱片店开在市区零售区和购物广场里的书店旁。到 20 世纪 80 年代，录影带店开得到处都是，尤其是在商业街、购物中心和农村市场中心，人们可以开车轻易去到那些地方。录影带店就像加油站和快餐店一样，变成了郊区一道特有的风景。

当我们把信息从它通常的纸质和塑料基底分离出来后，便没有必要再贮存和运输实体产品。比如 1993 年 5 月，美国百视达娱乐公司（一家大型录像带租赁和唱片连锁店）和国际商业机器公司联合宣布一项冒险行动，[1] 用数字形式将唱片录音

1　史蒂夫·洛尔，《不久之将来的唱片店：电脑取代货架》，《纽约时报》，1993 年 5 月 12 日，星期三，第 1 版，D13 版；另见凯文·曼尼，《唱片店存储方式的革命》，《今日美国报》，1993 年 5 月 17 日，星期一，B1-B2 版。

储存到一个中央服务器，通过计算机网络把录音分送到唱片店里的自助服务器。在那里，顾客可以从目录菜单上选中想要的录音，把它下载到自助服务器，再现场拷贝到光盘中。书店也可以这样做，下载文本然后用激光打印，很快就能打印出来。通过这种销售点生产方式，生产商和批发商节省了库存、仓储和运输成本；零售商节省了摆放空间；顾客则可能有比以前多得多的选择。

但刻录光盘并非一定要在信息经销链中的这个特定环节 51
完成。（虽然这个环节自然而然最能吸引零售商。）电子、数字经销手段可以直抵家庭或其他消费点。那么，一个可供选择的出版策略是，从网上数据库下载书籍和杂志，然后在家用激光打印机（20 世纪 80、90 年代那些简陋的传真机的接替者）打印出来；或者把录音下载到家里的立体收音机，把录像下载到家里的电视机，把报纸下载到家里的电脑。（这可以跟循环再用策略结合起来，用再生纸打印，用完后把它投进回收桶。）还有一种针对文本、音乐或录像的策略，非常简单，就是同时开通成千上万个数字频道，每个频道不停地重复播放专门的节目。

1993 年 7 月，互联网电子报刊亭开通，成为根据需求"下载"这种新型出版模式的先驱。[1] 它为顾客提供阅读杂志文章的网络入口，让他们像在传统的报刊亭里那样浏览文章；还为他们提交书报纸质版订阅单提供便利。一家电子书店和几家商业出版物、业务通讯出版部门很快加盟。刚开始时，这个报刊亭只有八种杂志，不到一年时间便增加到八十种，访问者遍布

---

1 通过 Gopher 或 Telnet 可登录电子报刊亭。可从 info@enews.com 获取有关信息。

世界各地，每天的访问量达到四万次。

随着信息发行模式的改变，人们的消费行为也发生了变化，这种变化甚至发生在看报这种最熟悉不过的日常行为当中。当我在写这些的时候，一大摞《纽约时报》和《波士顿环球报》以再生纤维素的形式，砰的一声被扔到了我在剑桥的门阶上。这些报纸每天早晨都会被送到这里，而最后都会被扔进回收桶。《芝加哥论坛报》、《圣荷西水星报》，还有很多其他报纸也来了，但它们是以非物质的形式静悄悄地出现在我电脑里的。我不用翻页，只需用软件挑出想看的文章。新闻标题变成了可供点击的菜单选项。或者我可以输入关键词，在装满新闻事件的数据库里搜索。只要有一个接口代理，我们离一份完全个性化的报纸就只有一步之遥了。这个接口代理了解我的喜好，能不断地扫描新闻流，从中选出对我胃口的，并以任何我喜欢的形式把它显示在屏幕上。甚至连"日报"、孤立"事件"这样的概念都要受到挑战，因为一份报纸可以变成一个不断积累新闻事件的网上数据库，在这个数据库里，一件刚刚发生的事只是一个入口点，通过这个入口点，人们可以在以往的新闻事件中追溯一个话题。

20世纪90年代中期，一种信息发行的新模式开始在北美大陆清晰浮现。电缆、电话和电脑公司争相组成联盟，为住宅和工作场所提供便宜的互联网连接、处理硬件和展示软件。比如说1993年，时代华纳公司宣布一项雄心勃勃的试验项目，要为佛罗里达州奥兰多市四千户家庭装上便宜的远程计算机。当时，加拿大蒙特利尔市的电视系统网络已经成功开始了交互

52

式电视系统的商业化运作，[1] 传媒巨头鲁珀特·默多克开始买进互联网股票，[2] 出版社开始演变成将比特数据注入网络这个信息高速公路系统的装卸站台的组织。越来越多的人猜测，位于市区中心的大部分书店、唱片店、录影带店、租赁图书店和报亭将被一条条光缆末端数以百万计毫不起眼、广泛分布的电子盒所取代。

古腾堡的革命性发明创造了集中和控制印本信息的场所，但电子、数字信息却有着截然不同的空间逻辑。它是非物质的，不受纸质或塑料书页的限制。它几乎可以瞬间传输到有网络连接或者在比特辐射源辐射范围内的任何地方。它还可以在任何接收点被重新处理，从而将很多编辑、排版的工作和责任从生产者的集中化工厂转移到消费者个人的硬件和软件上。更为重要的是，印刷和纸张供应不再是必需，这为人们进入出版业扫除了传统的障碍。现在，只要有一部能上网的廉价电脑，任何人都可以设立一个服务器，向访问者输出比特数据。

这将可能导致信息供应点的大小和位置发生根本性变化。过去，傲然耸立的芝加哥论坛报大厦是一个庞大的收集和发布系统的中心，是这份报纸影响力的标志。每天，新闻像潮水一样涌进大厦；印好的报纸又像潮水一样从大厦里面涌出，流向城市各处。但在每一个节点都有可能是出版点和消费点的信息高速公路上，这种集权式的集中活动将被数以百万计的分散式片段取代。

53

1　约翰·蒂尔尼，《人们是守着电视还是在数据高速公路上飞驰？》，《纽约时报》，1993 年 6 月 20 日，星期日，第 1 版。

2　1993 年 9 月，默多克收购了 Delphi 互联网服务公司——一家专门提供互联网接口的小型在线服务公司。他还宣布了出版一份全球性在线报纸的计划。参见乔希·海厄特，《未来的订阅者》，《波士顿环球报》，1993 年 9 月 3 日，星期五，第 71、73 版。

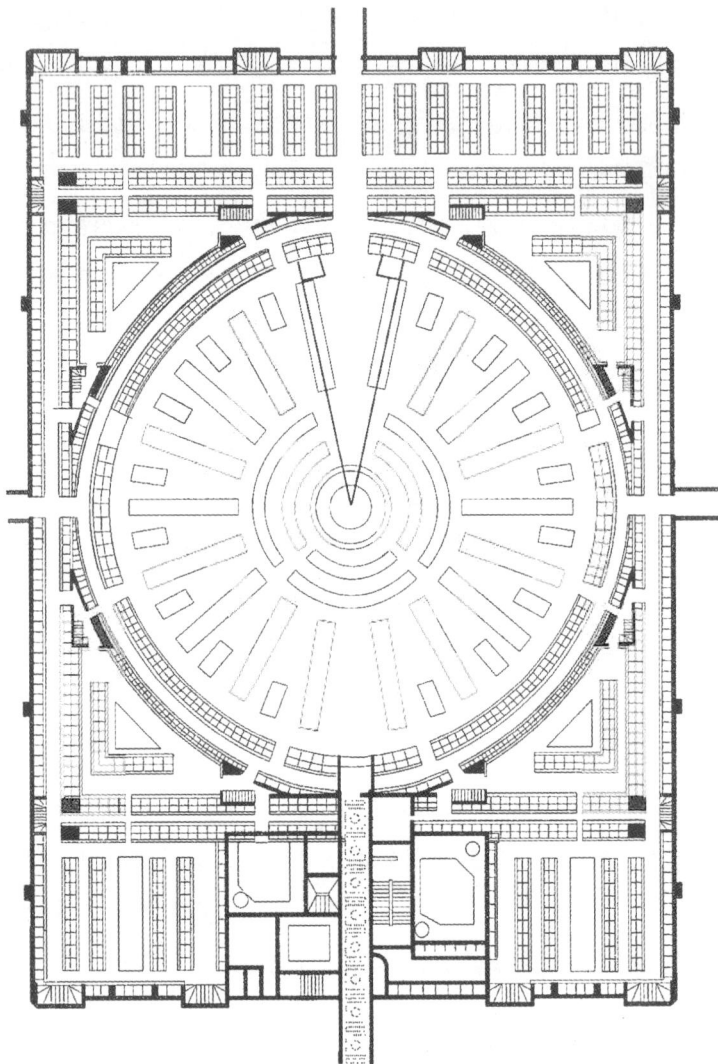

图 6　伦敦大英博物馆图书馆（1854—1856 年），安东尼·潘尼兹设计的铁制书架环绕着悉尼·史默克设计的圆形穹顶阅览室。

书架 / 服务器

　　旧的大英博物馆阅览室为数量庞大的书架提供了建筑界面。从外面看，这座建筑物古典的筒形外观是一个标志，告诉人们这里是一个入口点。从里面看，在这座圆形穹顶的阅览室里（从图纸看，就像一个被扇形分区的硬盘），人们只要确定了编目号码，就能找到想要的书。借阅者从书架上取到书后，就可以在阅读桌上阅读。（以后，游客们会来这里寻找那张卡尔·马克思曾经坐过的桌子，他在那里吸收了大量印刷品上的信息，绘就了革命蓝图。）当用过的书本被重新上架直至再次被需要，一轮循环就完成了。从功能上说，整个阅览室其实就是一个被当今计算机技术人员称为数据库服务器的东西，你向它发出请求，然后就能得到它所储存的信息。只不过，这种数据库服务器体积大、速度慢。

　　这幅功能示意图经过了极大改良，其面世经历过一段漫长的演变过程。[1] 早期的图书馆藏书不多，阅览室里的书架靠墙而立。后来藏书区和阅读区之间的大小比例发生了变化，书架便从阅览室分离出来，逐渐变成了主要的空间元素。1816 年，莱奥波尔多·德拉桑塔为一家图书馆作了一个理论性的计划，一种新型图书馆的面目在该计划中清晰呈现出来。[2]1835 年至1836 年，卡尔·弗里德里希·申克尔为柏林国家图书馆设计

1　参见托马斯·A.马库斯的"看得见的知识"，载《建筑与权力》（伦敦：劳特利奇出版社，1993 年），第 171-212 页。该文探讨了图书馆和博物馆设计的发展。

2　尼古拉斯·佩夫斯纳，《建筑类型史》（普林斯顿：普林斯顿大学出版社，1976 年），第 106 页。

了一套方案。他把书库设计成一个巨大的长方形网格，中间一条宽阔的公共楼梯，四个角都有通道楼梯。这样的设计看起来非常合理。到 1854 年至 1856 年，悉尼·史默克为大英博物馆旧馆设计圆形阅览室时，书架变成了一个庞大、独立的铁制结构。

个人电脑上一般的图形用户界面作用跟史默克在建筑上的精心安排差不多。电脑屏幕上排列着图标，这些图标就像一条街道上的门口，让大家清楚看到可供进入的入口点。用户点击一下图标（就像敲门），就进入一个地方（在这里是屏幕上的一个矩形"窗户"），可以在那里请求调取信息文件。作为回应，软件例程会从磁盘上调出文件，并将其展示在屏幕上供用户查看和操作，最后可能还会对文件作出修改并保存回磁盘。

现在，让我们从这个小例子一路推算，想象一下一个藏书达 1000 万册的数字在线人文研究图书馆。[1]（作个比较：20 世纪 90 年代初，美国国会图书馆的藏书接近 1500 万册，书架长度 550 英里；大英图书馆藏书约 1200 万册，书架长两三百英里；哈佛大学的威德纳图书馆藏书大概有 350 万册。）[2] 图书馆目

56

1　建造这样一个图书馆的可能性已经成为人文学者的讨论话题。参见《技术、学术与人文学科：电子信息的蕴意》（圣莫尼卡：盖蒂艺术史信息项目，1993 年），第 23 页。在线图书馆研究进程概况参见约翰·布朗宁，《没墙没书的图书馆》，《连线》第 1 卷第 1 期（1993 年）：第 62-110 页。

2　参见《美、英图书馆需要空间》，《DLS 频道》（译按：DLS 的全称为 Doctor of Library Science，图书馆学博士）第 25 卷第 8 期（1990 年 4 月），第 8 页；《一塌糊涂的移动式书架：建设中的伦敦大英图书馆因书架生锈延误工期》，《工程新闻记录》第 229 期，1992 年 9 月 28 日，第 17 页；以及"哈佛图书馆的分散"，《旧金山纪事报》，1989 年 3 月 29 日，A20 版：第 1 页。已经出现了一些软博物馆。《希腊语库》是一部内容广泛的古希腊文集，它的光盘已由耶鲁大学出版社出版。一个两千兆字节的英国国家语料库也正在开发，它将成为英国英语语言的宝库。参见布莱恩·基尼，《活语言的守护者》，《卫报》第 33 卷第 5 期，1991 年 4 月 25 日。

录可在网上查询。只需一两分钟，书卷或者其中某些章节就能下载到某位学者的个人工作站上，然后就可以在电脑中显示内容，或者按需要用激光打印机打印出来。（这些数字书藏在哪里不要紧，因为很容易就能找到，它们也只需占用很小的物理空间。威德纳图书馆数量庞大的藏书彰显着哈佛大学与日俱增的实力，但电子图书馆的藏书量不会通过建筑来表现。）这间图书馆永远不会关门。那些习惯了死牛皮包树皮[1]的样子和手感（并且愿意花钱去买）的人不需要改变习惯，精美的实体书卷可以在需要的时候自动生成。书本被登记借出、正在别人的研习间里用着、被弄丢了或者正在手推车里等待再上架的情况不会发生。古籍可以隐退到有温度调节功能的书籍博物馆，在那里安全、体面地度过晚年。图书管理员只需运行它们的备份文档。（亚历山大图书馆没有办法这样做，看看它最后落得个什么下场！）

建造一座这样的软图书馆，设计师面临的任务和当初设计大英博物馆和图书馆的史默克兄弟和图书馆学专家潘尼兹所面临的任务不一样了。[2]这座图书馆的外表不是石头做的，也不坐落在布鲁姆伯利区。它是由成千上万台电脑屏幕的像素组成的，这些电脑散布在世界各地。摆放书架、设置通道的任务变成了建立数据库、设置查找和提取例程。阅读桌变成了电脑屏

---

1 牛皮是制作书籍封面的材料，树皮是制作书籍内文纸张的材料。此指实体书。——译注
2 1993年大英图书馆准备迁往圣潘克勒斯新址，人们围绕传统的图书馆服务和电子图书馆服务到底谁更重要爆发了激烈争辩。在一封寄给《伦敦书评》的信中（1993年9月9日，第4-5页），"长期阅读者群体"一名颇为保守的发言人质疑"大英图书馆的管理者是否有权将图书馆作为公共阅览室的提供者的传统角色更改为有偿向大学和公共图书馆提供电子形态书籍的仓库"，并声称："这项政策彻底破坏了学术工作的基础，即从原始材料中创作出原创性作品。"

幕上的视窗。图书馆在公众场所设有计算机工作站，任何人都可以在那里登录享用图书馆资源，而不用打开阅览室的门。巨大的书架缩小到几乎可以忽略不计的尺寸，座位和研习间被分散开，剩下的就没有什么东西需要建一个巨大的外壳来包住它了。

我们再也无法告诉游客，下一个千年的马克思曾在哪个位置坐过。所有实体都消融了，无影无踪。

美术馆 / 虚拟博物馆

美术馆和博物馆举办展览，总要悉心安排参观顺序。在一些重要的展览中，参观者排起长长的队伍，从一个展品到另一个展品缓慢行进。

传统上，一个大博物馆的设计工作就是要用适当的自然采光，将墙壁或者陈列柜与一个能有效引导参观者参观展品的流通系统联系起来。[1]19 世纪新古典主义设计师解决这个问题的典型做法是，沿宽阔的中央入口大厅对称设置长长的矩形开天窗展览区。参观者入场后可以自己选择方向，绕场一周后回到出发点。其中一个杰出例子是利奥·冯·克伦泽设计的慕尼黑古代雕塑展览馆和慕尼黑老绘画陈列馆，还有申克尔设计的柏林老博物馆。（慕尼黑老绘画陈列馆的设计非常聪明，并列的展厅之间相互连接，参观者可以从外周流通环上的任何一处进

1　佩夫斯纳，《博物馆》，载《建筑类型史》，第 111-138 页。

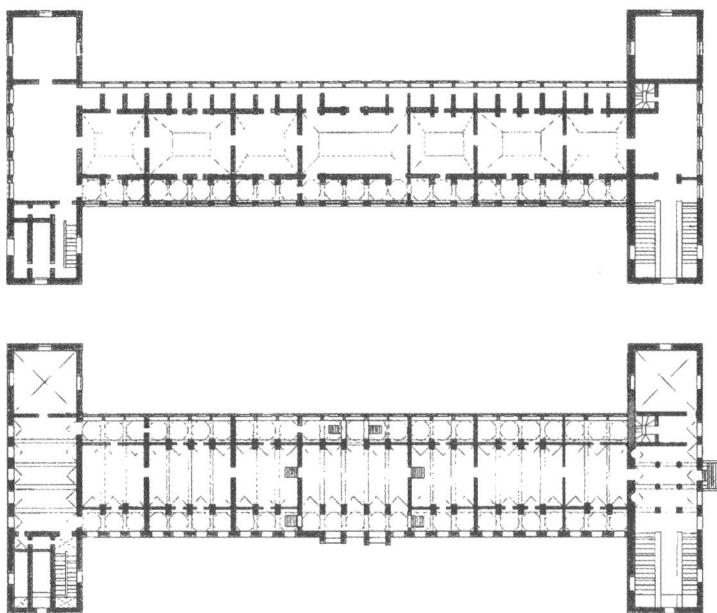

图 7　慕尼黑老绘画陈列馆，由利奥·冯·克伦泽设计（1826—1836 年）。该馆第二层的展厅相互连通，按时间顺序展示不同流派的作品。

入展厅。）但也还有其他选择：弗兰克·劳埃德·赖特在设计纽约古根海姆博物馆时，一改以往单一、连续型的设计，把美术馆扭曲成了一个螺旋形结构，绕着一座开天窗的中庭盘旋而上。参观者先乘坐电梯到达顶层，再从顶层沿着斜坡一路往下看。

在这样的设计安排里，策展工作的任务是将展品按照某种意义排列顺序。慕尼黑古代雕塑展览馆里的雕塑品一直以来是按照时间顺序排列的：先排古埃及时代，然后排古希腊时代，再排古罗马时代，最后排像卡诺瓦这样的现代雕塑家的作品。柏林老博物馆收藏的画作按水平由低往高悉心排列，从"优质"一直到文艺复兴极盛时期的"完美"。慕尼黑老绘画陈列馆的展品依据"流派"大致按时间顺序排列：弗拉芒派、德国派、法国派、西班牙派和意大利派。自然历史博物馆则顺应不同的知识议题，常常按照科学原理排列展品：有的按类群排，有的按演化序列排，有的按地理起源排。老一代博物馆和美术馆通常按照固定顺序展示相同的展品；现在不一样了，现代的博物馆和美术馆常常能为临时性的展出提供弹性空间。

在一个虚拟博物馆里，画作的数字图像、生物的视频录像或者雕塑和建筑物（也许是损毁的或者还没建的）的三维模拟代替了实物，展示的时间顺序代替了沿旋回路径排列的空间顺序。这样压缩了大量空间，人们可以在一台个人电脑上或者一间小小的视频影院里一个接一个地看展览，从而欣赏到大量的藏品。艺术馆再也不需要巨大的空间了。

人群变得容易控制了。展品保存在互联网上的服务器里，参观者可以分散到很远的地方。艺术馆容量不再是问题，重要的是服务器容量和网络带宽。

当然，展品的安放和排序仍然很重要，但这些问题可以交由软件解决，不用依赖死板的、没有任何改变余地的、砖瓦灰浆砌成的建筑。在虚拟博物馆里，每一件藏品都可以和跟它有着有趣联系的其他藏品建立超链接，这样参观者就可以根据个人兴趣设计一条特别的参观路线。一座虚拟博物馆能够为寻宝人提供的选择甚至比慕尼黑老绘画陈列馆还要多得多。

随着虚拟博物馆的兴起，实体博物馆的角色会发生变化，逐渐成为人们观赏原物的地方。英国伦敦的国家艺术博物馆圣斯布里厅为这一功能作了清晰的图解。入口附近有个叫"微型艺术馆"的房间，里面设有计算机工作站，参观者可以在上面通过超媒体形式观看所有藏品。[1] 他们一边看一边记录下那些他们希望看原件的藏品。虚拟之旅结束后，他们会拿到一份打印出来的方案，方案为他们设计了一条真实博物馆之旅的个性化路线。这样，虚拟空间的叠加就改变了实际空间的用途。

剧院 / 娱乐设施

娱乐就是信息。演员、导演、歌手和舞者生产信息；观众

---

1 类似的系统已经被开发出来，供华盛顿的国家美术馆和其他博物馆使用。参见费尔·巴顿，《将艺术品放上网的像素问题及风险》，《纽约时报》，1994 年 8 月 7 日，星期日，第二版，第 1、31 页。

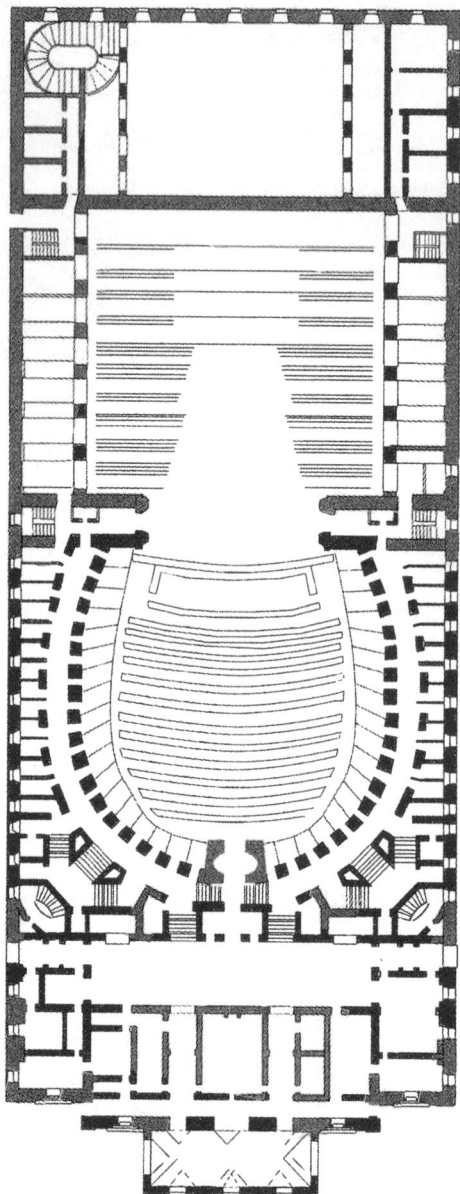

图 8　米兰斯卡拉歌剧院，由朱塞佩·皮耶尔马里尼设计（1776—1778 年）。观众席这样设计，观众就能听见表演者的声音，清楚看到舞台。

消费信息；剧院发布信息，至少我们可以大致这样说。

古希腊和古罗马的剧院结构紧凑，布局优美。那时没有扩音设备，演员的声音传不远，因此观众只能围绕着舞台一圈圈密密匝匝地落座。确保大家都能看到舞台很重要，因此这些环形的座位被设计成阶梯式。观众和演员相互可以看得见、听得清，整个系统被包裹进一座整齐美观的建筑里。

16 世纪末期，由安德烈亚·帕拉第奥设计的维琴察奥林匹克剧院（与大约同一时期的其他建筑不同）为这些环形座位加盖了一个遮风挡雨的屋顶，对视线的设计也非常精妙。两个世纪后，在朱塞佩·皮耶尔马里尼设计的米兰斯卡拉歌剧院里，观众席上方垂直加建了一圈圈私人包厢（这在当时的欧洲已经非常普遍）。普鲁斯特曾对这些私人包厢有过精当的描述，形容它们是"许多三面封墙、一面开放的小客厅"。[1]

广播媒体（无线电台和电视）将观众圈扩大至全社会，并使一度集中的观众席变成了成千上万四散开来的扶手椅、沙发、汽车座位、手提音响和耳机。普鲁斯特所说的"小客厅"如今摆脱了它们的固定位置。还记得《美国风情画》吗？在那部电影里，20 世纪 50 年代加利福尼亚州一个小镇在当地无线电广播塔上建起了一座软剧场，那里是狼人杰克的辐射场，他主持的节目从那里传播到镇上牧屋的客厅和行驶着的汽车里。无线发射塔取代了舞台，无形的脉冲电磁波取代了静止不动的弧形观众席。随着听众群越来越大，广播室成为了声名显赫的公众舆论操纵者垂青的平台（法兰克福学派的评论家们就是这样认为的，并对由此产生的后果忧心忡忡），他们是广告商、煽动

1　佩夫斯纳，《建筑类型史》，第 74 页。

家、脱口秀主持和电视传道者。[1]

用电子手段扩大观众圈还有一个重要后果：由于离得远，演员再也听不见观众的笑声、埋怨声、嘀咕声、嘘声、诘问声、喝彩声和鼓掌声了，信息的流动变得几乎完全是单向的。这样一来，剧院演出传统上的不对称性就被极大地放大了。演员和观众之间的直接会面没有了，部分被演播室观众、听众来电和尼尔森收视统计器所取代，效果并不令人满意（假如它真的被取代了的话）。

但是，双向宽带交换有线电视网改变了这种局面。有线电视网从 20 世纪 90 年代初开始兴起，是一种先进的比特输送设备，它与供水、煤气、污水处理和电力系统一样，已经成为现代城市最基本的设施。它最显而易见的优点是能够连接到大型视频服务器上去，用户可以在那里从内容丰富的菜单中互动式地选择视频节目，在任何他们喜欢的时间播放，并用一台"虚拟视频录像机"来控制阅片状态。鼓吹者们称之为"视频点播"。

但被检索和播放的不一定是传统制作的视频节目，还有可能是超媒体娱乐制品，这种娱乐制品可以与观众建立更高精度的互动。它的早期版本最早流行于个人计算机时代，最初通过软盘或光盘发行。到 20 世纪 90 年代初，人们突然对运用分岔式叙事手法创作的多线叙事结构超文本小说产生了兴趣，这种小说围绕多条不同的叙事线索展开叙述。有人尝试把一些大部头的超文本小说放到互联网上去。还有人尝试在安装了特殊装

1　对这种状况的法兰克福式批评的标准起点为尤尔根·哈贝马斯，《公共领域的结构转型》（马萨诸塞，剑桥：麻省理工学院出版社，1989 年；译自 1962 年的德文原著）。另见诺姆·乔姆斯基强有力的分析，载 E. 赫曼和乔姆斯基合著的《制造共识：大众媒体的政治经济学》（纽约：潘森出版社，1988 年）。

置的电影院里放映"分岔式"电影。当宽带交换网络为家庭提供了充足的带宽，使人们能够收看互动式的视频节目；当家庭观众的数量日益壮大，使昂贵的节目制作因有利可图而变得合情合理，收看互动式的影视作品看来注定要成为人们的家常便饭而非特殊例外。

现场表演——广播、窄播或者点对点——同样可以是互动式的。比如说，你可以拥有一个简简单单的虚拟演播厅，里面的显示屏就是舞台，你手中的遥控器上面的按键可供你回传鼓掌或者其他编好的反馈。如果你收看的体育赛事是三维模式而不是一连串的二维视频图像，你就可以通过选择观看角度或者操作一台摄像机来掌握主动权。可以肯定，用不了多久我们就能看到像电台访谈那样的双向互动视频节目。而且毫无疑问，将来还会有虚拟的"47街"和"红灯区"为人们提供花样层出不穷的私人性爱节目点播。900号码电话、小型电视和色情聊天室已经充分证明，演技高超的表演者可以轻易跨越带宽和界面的限制。

竞争性的比赛将被重新设计以适应虚拟赛场。我们组织一场比赛的惯常做法是，将一小群参赛者集中到一个有精确标记的物理场所——棋盘、网球场、篮球场或者足球场，观众则在边线外观看比赛。1993年，以暴力为主题的网络游戏《毁灭战士》成功地将一个理念付诸现实：通过网络把参与者组织到虚拟空间，和用软件做成的怪兽开战，并相互展开决斗。1994年，视频游戏先驱诺兰·布什内尔在考虑制作一种新型视频游戏的可能性。这是一种由互联网支持的竞争性游戏，可在不同

64

的城市间进行，每支队可有成千上万的参赛者。[1]

我们可以得出这样一个逻辑性结论：这些重组和变形彻底割裂了舞台和观众席、演员和观众在建筑上的传统联系。巨大的剧场被压缩成一个带屏幕和摄像机的电子盒。当你想做观众时，屏幕边框成为你面前的舞台，为你框定表演的区域；当你想当演员时，摄像机为你提供观众，整个互联网都有可能是你的观众席；当你想参与游戏时，你可以在互联网上的虚拟赛场与队友和对手相会。

人们曾经认为剧场和赛场应该是一处集中的、有着明确位置的物理空间。如今，被颠覆和削弱的不仅仅是这种旧观念，还有表演时间。以前，"现场直播的"电台和电视表演都有明确的演出时间，小心翼翼地保存着剧场的传统。但负责节目编排的人很快就学会了重复播放和时移播放已经录制好的节目，还有将直播节目和录制节目混在一起播的把戏。随着连接互联网的互动式视频节目的兴起，任何人可以在任何时间观看表演。

所有这些重塑了生产和发行的规则。在传统的安排中，要将一件作品呈现给观众，成本往往很高。举行一场演出需要足够多的观众来填满收费高昂的剧院座位，或者吸引足够多的广告来为制作成本和播出费用买单。因此，娱乐产业正日渐成为巨头公司之间一场争夺观众群的比赛。但是，随着高带宽互联网越来越普及、网络导航软件越来越高级，娱乐制品到达观众和聚集观众的成本会大大降低。商机来了，人们可以面向小范围观众制作发行一些低预算娱乐制品，识别并将作品呈现给散

1　该理念于 1994 年 10 月在麻省理工学院媒体实验室举办的一场题为"数字化表达"的专题研讨会上被提出。

布各地、有着特别爱好和品位的观众。信息高速公路也许会变成一条宽广的、与千千万万虚拟剧院相连的世界百老汇大街。

这样，粘合演员和观众之间必要亲密度的社会强力胶失去了它原有的粘性，将我们与表演联系起来的传统建筑类型和社会习俗（去剧院看戏、在球场上为本地球队加油）正在失去粘合力。台词、音乐、布景和内容现在都可以被转换成比特数据，从几乎任何地方进入互联网。观众可以选择在任何时间、任何地点接上电源，将这些比特数据解码，生成一场表演。娱乐的生产者和消费者之间原有的区别（由剧院和体育场馆的建筑形式具体化）正在瓦解。很快，整个世界将变成一个电子舞台。

校舍 / 虚拟校园

课堂上，老师讲，学生听并作出回应。老师掌握着装有知识、信仰和实践经验的宝库，并使这座宝库向学生开放。中学、学院、大学这些场所之所以存在，主要是为了将学生和老师聚集起来，分享这座宝库。

一棵菩提树的树荫下，一群学生围坐在一位老师身边。这是一幅最简单，也是最美丽的学校基础设计图。[1]不喜欢坐着

---

1 因此，人们便倾向于像组织剧场空间那样来组织教学空间。两者的关联随着16世纪解剖剧场的出现而变得清晰起来，对医科学生的正式授课就在这些剧场进行。参见马库斯，《看得见的知识》，载《建筑与权力》，第229-244页。

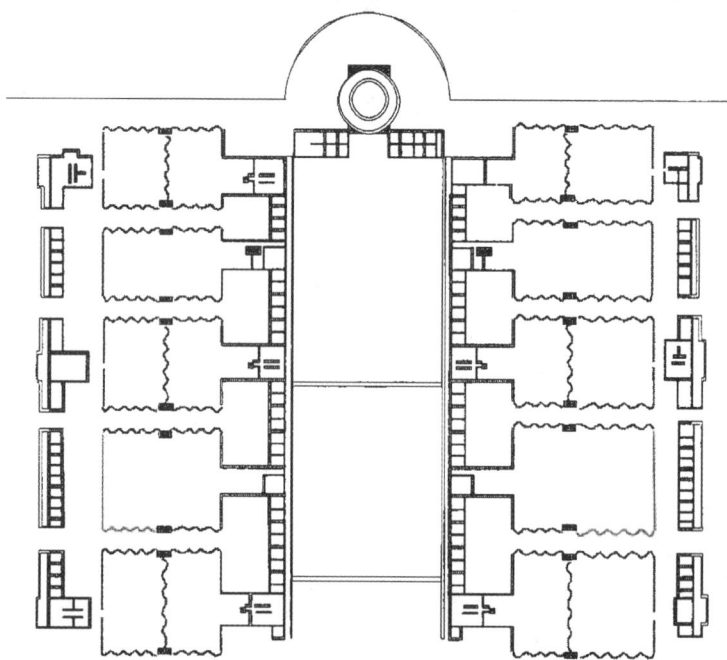

图 9　美国夏洛茨维尔市弗吉尼亚大学，托马斯·杰弗逊设计的学术村（1817—1826 年）。学生和老师的房间以及其他各种会客区被石柱回廊串联起来。

的苏格拉底常在小树林里散步，学生跟在他身后亦步亦趋。一间小小的红色校舍——非常适合寒冷气候——把学生塞进一个盒子里，老师坐在前面。这是杰里米·边沁主张建立的"功利主义示范"导生制学校。这种学校是全景敞视建筑的变体：一位老师坐在中间，六名监督员在他周围维持秩序，然后是能容纳九百名学生的环形阶梯式座位。[1]

现代的中学、学院和大学有着更细致的空间区分，设计图纸也要复杂得多。它们为同时开展不同的教学活动提供了众多教室，增设了图书馆、实验室、艺术和设计工作室、音乐练习室和其他有特定用途的场地，还用长长的回廊或通道将分散的场地串联起来（麻省理工的"无尽长廊"就是其中的代表）。住宿制学校——像托马斯·杰弗逊设计的弗吉尼亚大学——将学者的房间整合在一起，并为他们提供各种层次的正式和非正式会客场所。这样的设计诠释了什么叫专注投入的学术生活。学院和大学常常要求学生住校，成为一个有特定空间的社区里的一分子。这些社区同样执行严格的学术时间表、上课时间表和校历。

当然，除了兴建这样一些永久性的、组织死板的学习场所，我们还有其他选择。在前工业社会，巡回教师和圣人们随处施教，哪里有听众，他们就在哪里开讲。工业革命催生了印刷书籍和高效的邮政服务，函授学校应运而生。双向无线电通信使一位老师能够在澳大利亚爱丽丝泉城，给那些散布在广袤的内陆地区边远牧场的孩子们上课。威尔逊执政时期，广播电视和

1　同书的另一篇文章《构成》对这种学校以及理性时期其他学校的设计作了探讨，见第41-94页。

录像带（加上相当不错的老式邮政服务）使英国开放大学的设立成为可能。今天，数字电信正在为这一非主流传统制造一轮强大的复兴。是不是学校的一员，在线可能很快就会变成一个比住在学校更重要的标志。（1994 年阿伽汗在麻省理工学院的毕业典礼上演讲，学校没有按传统做法授予他象征着成为该校一分子的荣誉学位，而是赠给他一台装有调制解调器的手提电脑和麻省理工的邮箱地址。）

数字电信时代刚刚到来，一些大学马上就开始探索校园网络的潜在用途。达特茅斯学院于 20 世纪 60 年代——那时还是分时大型机的时代——研发了一个交互式终端网络系统，被频繁使用。[1]20 世纪 80 年代，麻省理工在国际商业机器公司和美国数字设备公司的广泛支持下，研发了覆盖全校的雅典娜系统，开创了将高带宽（以当时的标准衡量）联网工作站用于教育的先河。[2]到了 20 世纪 90 年代，校园网络已经相当普遍，就连哈佛园里那些爬满常春藤的学生宿舍也连上了网。

与此同时（从 20 世纪 70 年代开始），阿帕网、币联网，最后到互联网开始为世界范围内的校际文本和数据交换创设快捷、方便、便宜的渠道，对传统、保守的大学结构进行改组。这些长途连接被接入了像麻省理工雅典娜系统这样，接口遍布整个校园的局域网。学者们很快发现，用电子手段与千里之外的同行接触有时候比和近在咫尺的同事交谈更有收获。在线会

69

1　约翰·G.凯梅尼和托马斯·E.库尔茨，《达特茅斯学院的分时操作系统》，《科学》第 162 卷第 3850 期（1968 年 10 月 11 日）：第 223-228 页。

2　参见 J. M.阿尔夫曼和 P.罗登，《雅典娜计划：为麻省理工学院分布式计算提供支持》，《IBM 系统杂志》，第 31 卷第 3 期（1992 年 3 月）：第 550-563 页；格雷戈里·A.杰克逊，《麻省理工学院的教育和计算：雅典娜计划诞生 10 周年掠影》，《麻省理工学院学术计算》，1993 年秋季号。

议和电子公告牌开始向部门公共休息室和本地公众集聚场所发出挑战，成为获取专门话题最新消息的最佳场所。到了 20 世纪 90 年代，很多学者发现自己原来同时生活在两个学术社群里：一个是当地社群，为他们提供办公室、给他们发薪水；另一个是虚拟社群，为他们提供大部分的知识养分，同时对他们的参与时间和忠诚度要求越来越高。紧张的关系开始显露出来。

网络连接迅速为分享知识和实践应用创造了新的方式，迫使教学场所的特征发生了变化。至少现在阶梯教室的讲台上要有一个计算机工作站和一个连接计算机的视频投影仪，代替过去的黑板和幻灯机。讲台不再是照本宣科的地方，而是引导和解读比特数据流的地方。学生不再用纸和笔作笔记，而是用手提电脑接收这些数据流并添加注释。

研讨室也发生了变化。现在它不仅要能开面对面的研讨会，还要能开视频研讨会。[1] 但这仅仅是开始。与传统的物理设备相比，用桌面对桌面的交换式视频网络实现虚拟教学的可能性更大。学生可以在宿舍里和教职人员召开办公会议。研讨会也不一定非要在研讨室里举行，可以用虚拟手段汇聚四面八方的发言者。老师可以在离学校很远的地方讲课，学生也不用集中到礼堂里去听课。

中学和大学的图书馆不再像文件仓库和药房，而更像一个在线信息中介服务机构。在线文件集代替了预留桌，大型的影像和视频点播服务器代替了幻灯片库。集中的阅览室分裂成分散的信息入口点。任何一个学生和教职人员落座或工作的地

1　远程研讨教学的先行性探索参见马克·C.泰勒和伊萨·萨里嫩，《成像学：媒体哲学》（纽约：劳特利奇出版社，1994 年）。

方——礼堂里的座位、图书馆的研习间、课桌、宿舍或者办公室——都需要一个供手提电脑使用的接入口。

有时甚至连实验室也可以被分散开来，发挥更大的作用。[1]例如哈佛—史密森天体物理中心研发了一套叫作微型天文台的天文系统，这套系统的主部件就是教室里面的联网计算机。这些计算机被用来控制屋顶上的电动数字成像望远镜，并远程观看望远镜的图像。他们用图像处理软件把天空处理掉，使观测活动可以在白天进行。这套系统的延伸版本可以包括散布在世界各地的成百上千架望远镜，学生可以在任何有网络连接的地方进行观测。

当 20 世纪接近尾声，虚拟校园的理念——与实体校园并存或者取而代之——越来越让人觉得真实可信。[2]如果现代的一位杰弗逊要为第三个千年的一个理想的教育社区设计蓝图，他可能会把这个社区的选址放到网络空间上去。

医院 / 远程医疗

"hospital"（医院）这个词源自拉丁语"hospes"，意思

1　D.钱德勒，《天文学课很快就能在白天观星了》，《波士顿环球报》，1993 年 2 月 18 日。

2　参见拉里·普雷斯，《明天的校园》，《ACM 通讯》第 37 卷第 7 期（1994 年 7 月），第 13-17 页。

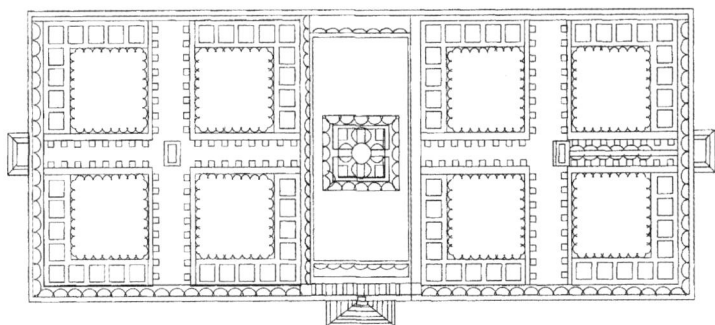

图 10 费拉莱特在《论建筑》（15 世纪 60 年代初）一书中，收录了米兰大教堂的设计意向图。教堂中间的天井里有个小教堂。病房在小教堂两侧呈十字形排列，中间交叉点设有祭坛。

是客人或主人。这个词的本义是指把病人限制在一个地方。[1]
在早期的僧侣医院，病人被限制起来交由僧侣料理，以便把他们集中起来举行宗教仪式，好让他们早上天堂（考虑到当时的医疗水平，这样的解释可能更中肯）。因此，在费拉莱特为米兰大教堂画的那幅著名的设计图里，教堂由数量众多的病房和一间小教堂组成。病房呈十字形排列，中间的交叉点上设有一个祭坛，小教堂设在教堂中间的天井里。（在现代的病房区里，设在中心位置的祭坛被护士站代替了。）有时候，在传染病院和精神病院里，病人会被和社会隔离开来，像威尼斯拉扎雷托岛上的麻风病院和贝德莱姆·夏朗东疯人院就是这样做的。20世纪，随着医疗专业知识的丰富和医疗技术水平的提高，隔离病人的地方汇集了医技娴熟的医生，有完备的医疗记录，还有先进的医疗设施（像手术室、病理实验室和医疗成像装置）。在教学医院里，病人被集中在学生可以看得见的地方。

在巴斯特之前，一些受到启发的医院设计者把病房区设计得又长又窄，尽量扩大外墙面积，尽可能多地采光和通风。因此，像雷恩在18世纪初设计的格林威治皇家海军医院和一个世纪后迪朗设计的理想医院，都是低矮、巨大、对称分布的建筑，里面有病房小凉亭、天井和极长的走廊。[2]但自从19世纪70年代，帕斯特指出是细菌（而不是污浊的空气）导致了感染，李斯特又发明了防腐药物，小凉亭便成为了历史。20世纪的医院里大多有空调，使用人工照明，底下深、上面高的

1　医院设计发展历程参见佩夫斯纳，《医院》，《建筑类型史》，第139-158页。马库斯《悲伤的人》一文对此有深刻的论述，该文载于《建筑与权力》，第107-118页。J.D.汤普森和G.戈尔丁合著的《医院：社会与建筑史》（纽黑文：耶鲁大学出版社，1975年）对医院设计的历史有全面具体的介绍。

2　两者均在佩夫斯纳《建筑类型史》一书中的《医院》（第139-158页）一文得到重现。

大楼里空间密密匝匝，为的是缩短职员和病人的走动距离，方便提供服务。医院设计师的任务——像为一台微处理器的芯片布局——变成要设计许许多多一模一样的储存单元和一些专门的中央处理设备，在由统计预测的使用模式中获取最高流通效率。[1]总的来说，按这种思路设计出来的医院并不十分讨人喜欢。

随着先进的电信技术的发展，如今比特开始深刻地改变医院的设计，就像当年的细菌那样。远程医疗开始崭露头角，为散居各处的人口提供先进的医疗护理，病人们无须再像过去那样集中到专门的医疗机构里去。就像约翰·麦康奈尔在《柳叶刀》杂志上总结的那样："在任何有关视觉、听觉（比如监视麻醉过程、对一份活组织切片提出看法、做胎儿超声波检查或者 CT 扫描）甚至还可能包括触觉的程序中，医生再也无须和病人或者标本同在一个房间，甚至同在一个国家。"[2]

远程医疗最简单明了的形式是一场远程会议的直接延伸。大医院的专家们利用视频连接为病人做检查，向边远地区的同行提建议。急救室的医生可以为躺在装有视频装置的救护车上的病人做检查，从而为抢救节省宝贵时间。战地医院的医生也可以通过视频装置为远处的伤员检查伤势。战争和自然疾病的爆发会使医疗救护成为突然之需，远程医疗手段很快就能将世界其他地区的医疗力量调拨过来。甚至可能连保健服务的基本

---

1 事实上在这两种情形中，该任务都可作为一个二次分配问题用数学公式表示。早期的经典论述可参见 B. 怀特海和 M. Z. 埃尔达斯，《单层建筑的最佳设计方法》，《建筑家杂志》，1964 年 6 月 17 日，第 1373-1379 页。威廉·J. 米歇尔在《计算机辅助建筑设计》（纽约：范·诺斯特兰德·瑞因霍德出版社，1977 年）一书中，对自动得出高效的医院平面设计图的早期尝试作了回顾。

2 参见约翰·麦康奈尔，《信息高速公路上的医疗》，《柳叶刀》第 342 期，1993 年 11 月 27 日，第 1313-1314 页。

模式也要变个样：必要时，家庭医生可以通过视频请外面的专家为病人提供面对面的问诊。到 20 世纪 90 年代，基于视频设备的远程医疗试验正在一场又一场地进行，数不胜数。[1]

但视频仅仅是第一步。既然现代诊断装置能制造数字数据流，它们也能轻易通过网络连接远程显示检查结果。那么，听诊器、耳镜、内窥镜、心电图和医疗成像设备现在全都可以用来为病人做远程检查。住宅一经联网，家用诊断和监视装置就能为住户提供虚拟出诊服务。当你的宝宝耳朵疼，你可以联系一家虚拟诊所，把耳镜伸进宝宝的耳朵让当值医生检查。[2] 也许虚拟出诊和真的还是没法比，但总比打电话好得多。

把电子检查和诊断装置与遥控装置适当结合起来，医生就可以进行远程操控。[3] 比如说，一位化验师要在显微镜下对组织标本或者体液进行病理化验并作出诊断，只要借助一套远程

1　参见安德鲁·珀维斯，《在线医治》，《时代》，1992 年 5 月 18 日，第 68 页；卢·芬托尔，《远程医疗：审视癌症控制的未来》，《国家癌症研究所杂志》第 85 卷第 3 期（1993 年 2 月 3 日）：第 183-184 页；彼得·L. 斯宾塞，《远程医疗的未来》，《消费者研究》第 76 卷第 5 期（1993 年 5 月）：第 38 页；丽莎·贝尔金，《医疗保健的新浪潮：视频出诊》，《今日美国报》，1993 年 8 月 23 日，A9 版；斯蒂芬妮·普莱塞，《医生在线》，《波士顿环球报》，1993 年 9 月 8 日，第 43 页，第 45 页；兰斯·弗雷泽，《远程的可能性》，《新医生》第 42 卷第 6 期（1993 年 9 月）：第 24 页；彼得·耶罗利斯和威廉·T. 麦考，《远程医疗：一个帮助澳大利亚人的医疗保健系统》，《澳大利亚医学杂志》第 159 卷第 7 期（1993 年 10 月 4 日）：第 437 页；朗达·贝格曼，《让远程医疗来代替走路》，《医院与健康网》第 67 卷第 20 期（1993 年 10 月 20 日）：第 46-48 页；瑞贝卡·比尔多·希瑟，《电子家访》，《美国人口学报》（1994 年 3 月）：第 6 页；加里·布萨克，《连接农村》，《健康进展》第 75 卷第 3 期（1994 年 4 月）：第 48 页；以及罗伯特·S. 博伊德，《远程医疗：双向交互式视频》，《华盛顿邮报》，1994 年 5 月 31 日，WH8 版。
2　转引自内穆尔生物医学通信中心主任尼奥·艾曾伯格 1993 年 10 月 21 日在麻省理工学院通讯论坛上题为"联网的医疗保健服务：90 年代的机遇与挑战"的发言记录。
3　第二届《医疗遭遇虚拟现实：交互式技术与医疗保健》专题研讨会论文集，加利福尼亚圣地亚哥，1994 年 1 月 27—30 日。可由联合管理协会 70530,1227@compuserve.com 获取。

病理学系统就可实现远程操作。这套系统由一个电动显微镜和装在上面的一个摄像机组成。[1] 如果有更精良的远程操控器、耳戴式立体显示器和足够精确的触觉反馈装置，实现远程手术大有可能。[2] 一套典型的远程手术系统由一个主机单元和一个从属单元构成，一个头盔（视听主机单元）控制着一个立体视频摄像机（视听从属单元）。千里之外的医生戴上这个头盔观察手术，手中握着有力反射功能的假工具，这些假工具控制着一个手术机器人。[3]

后续护理——包括定期检查和常规用药——也可以实现远程操作。（很多重要的技术原来是为在战场上使用研发的，但现在它们也完全可以用于更和平的目的。）[4] 房子和床可以装上传感器和电信系统，传感器用来跟踪居住人的健康状况，电信系统用来将信息传给远方的监测点。电子秤能记录体重。微波生命体征监测系统无须接触身体就能测量心率、呼吸速率、体温和血压。聪明的空调和充满好奇心的马桶可以自动收集样

1　参见 R. 温斯坦·K. 布鲁姆和 S. 罗泽克，《远程病理学：远程诊断》，《美国临床病理学杂志》第 91 卷：增刊 1（1989 年）：S39-42 页；及 R. 凯尔 - 斯拉维克，C. 普莱曾特和 B. 施奈德曼，《远程直接操纵：远程医疗工作站个案研究》，载 H.J. 博林杰主编的《计算中人的因素：交互式系统和信息管理的设计与使用》（阿姆斯特丹：爱思唯尔科学出版社，1991 年）。

2　参见 B. 普赖辛、T. C. 夏普和 B. 米特尔施泰特，《文献回顾：医用机器人》，《IEEE 医学与生物工程杂志》第 10 期（1991 年）：第 13-22 页。戴安娜·菲利普斯·马奥尼的《虚拟科学》一文，对开发足够逼真的手术模拟和远程手术系统的一些先行性尝试作了非技术性的回顾，见《计算机图形世界》第 17 卷第 7 期（1994 年 7 月）：第 20-26 页。

3　伊万·W. 亨特，泰勒麦考尔斯·D. 杜克格鲁、保罗·G. 夏洛特、丽奈特·A. 琼斯、马克·A. 赛格尔、戈登·马林森和彼得·J. 亨特，《用于眼部手术的遥控微型机器人及相关虚拟环境》，《现场》第 2 卷第 4 期（1993 年秋季号）：第 265-280 页。

4　参见《先进技术在战场和手术室的整合》，载 ARPA 高级生物医学技术研究会论文集，亚利桑那，图森，1993 年 11 月 12—13 日。该文对各种军事人员生理状况监视系统作了描述。

本并进行分析。无线植入装置可以远程控制用药剂量，确保精确无误。家居看来注定要成为卫生保健系统越来越高级的组成部分。

远程医疗能确保那些住在偏远地区、行动不便或者临时急需的病人无须经历长时间艰难的跋涉就能得到治疗。它的另一个好处就是把医生一直背在身上的黑色药箱变成了数字电信装置，从而使那些直接与病人打交道的家庭医生和护理人员能够更有效地利用专家资源和先进的医疗技术。一种危险情况变得明显起来，医疗保健服务可能会变得更加缺乏人性化、更加唯技术论。不管怎么样，卫生保健机构的选址逻辑和内部组织正在发生剧变。工业时代防腐剂被发明之后的医疗保健服务，以及 19 世纪至 20 世纪初的医疗技术革命为医疗服务的中心化注入了强劲动力，医疗服务机构被集中在大城市；而发轫于 20 世纪末的数字电信革命却为这些机构的去中心化和更加公平合理的分散布局创造了可能。，

走方郎中又回来了。他们将一路穿越信息高速公路，回到我们身边。

监狱 / 电子监视程序

跟医院一样，监狱也是一个限制活动的场所，关在里面的人都是非自愿的，要受到监视。监禁的目的是把罪犯从社会中

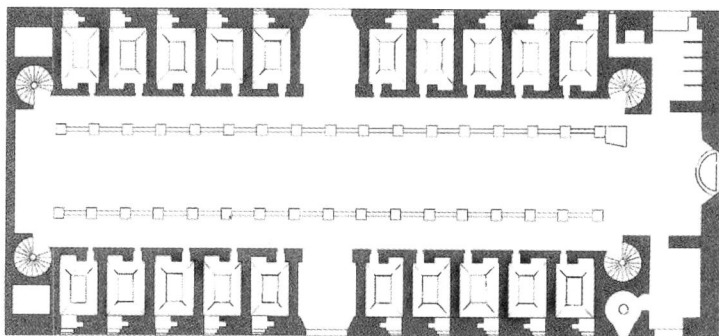

图 11　罗马圣米歇尔监狱，由卡罗·丰塔纳设计（1703—1704 年）。犯人的囚室围绕一个大大的中心工作间排列。

抽离出来，使他们因为自己的违法行为受到惩罚，或许还要接受改造。

中世纪的修道院把犯错的人关进小屋作为一种惩罚形式。克吕尼修道院和希尔绍修道院都设有无窗户的囚室（carcer）。[1]中世纪的一些城堡里也建有地牢。当卡罗·丰塔纳为罗马的年轻人设计圣米歇尔监狱（后来成为现代监狱的原型）时，把囚室作为设计单元，使之沿一个两头设有祭坛的中心大厅两侧一字排开。后来为了方便监视和控制，18、19世纪的监狱囚室都被设计成辐射型、向心型，或者是沿长长的通道平行排列连成一串。

但现在电子设备能发挥传统监狱的很多作用，而且不需要囚室和围墙——在监狱外对犯人进行训练和惩罚。在电子监视程序的监控下，美国的一些犯人被判处软禁，必须佩戴装有转发器的踝环，转发器连接着一个电话调制解调器。佩戴者和调制解调器之间的距离只要超出特定范围，一个中央监视站就会自动报警——这和丰塔纳设计的圣米歇尔监狱里不幸的年轻囚犯被禁锢在祭坛附近是一样的道理。[2]

这个策略并不复杂，一想就明白。随着无线电信技术的发展，它将逐渐成为执法机构一种简单直接的执法手段，大受欢迎。现在，警察已经能够使用"路过式"装置来锁定罪犯所在的位置。商店可以用检测器指认小偷。游乐场和学校可以用检测器防范恋童癖者。受过配偶虐待的人也可以用检测器让自己

---

1 佩夫斯纳的《监狱》对了解监狱建筑的简史有所帮助，见《建筑类型史》，第159-168页；另见马库斯的《坏人》，见《建筑与权力》，第118-130页。

2 马科斯·温克勒，《会走的监狱：发展中的电子监控技术》，《未来学家》（1993年7月/8月号）：第34-36页。

远离前夫或前妻。随着跟踪技术的发展，警方可以对一个人实行连续不间断监控，核实他是否具备作案时间、是否到过犯罪现场。

当然，一个完备的电子监视系统必须还要具备向不守纪律的罪犯施加固定力和惩治性暴力的有效方法。但这看起来也不难。当犯人踏足禁地，或者踝环被看守人遥控激活时，踝环就会自动发出响亮的警报声。还可以在踝环上安装或者植入一定的行为监视能力和施药机制。可以倡议建一所流动监狱。想象中里面的情形是这样的："性犯罪者特有的反常性欲会被程序芯片识别出来，然后施药机制会向犯人发放调好剂量的药物，确保既能阻止他实施犯罪行为，又不会妨碍他正常或者可以接受的性行为。"[1] 对那些危险性极大的罪犯所施加的药物，轻则可以催眠，重则可以致死。

78

说到这里，这个从卡罗·丰塔纳的圣米歇尔监狱设计图讲起的故事就可以结束了。一个国家再也无须借助高墙和瞭望塔实现它的法律垄断，对罪犯实施监禁、使用暴力，电信系统可以取而代之。

银行业务室 / 自动柜员机

当著名的抢劫老手（长期坐牢的惯犯）威利·萨顿被人问

1　马科斯·温克勒，《会走的监狱：发展中的电子监控技术》，《未来学家》（1993年7月/8月号）：第36页。

图12　伦敦英格兰银行，由约翰·索恩设计（1788—1834年）。每一种交易都有专门的大厅。一个错综复杂的通行系统将各种交易活动连接起来。

及为什么要抢银行时,他回答说:"因为那里面有钱。"但后现代的窃贼再也不会闯进保险库或者威胁出纳员了。他们忠于鲍德里亚思想,已经学会用"漂流的能指"来行骗——因为现在钱同样成为网络空间里不停流通的数字信息。

1993 年 4 月,在康涅狄格州哈特福德市附近的巴克兰山购物中心,一伙胆大包天的后现代毛贼入侵了一台富士通 7020 款自动柜员机——据说是新泽西银行的——然后把它启动了。[1] 当购物者把银行卡插入这个机器人骗子时,它通过电子手段记录下卡里的存款数额和个人识别号,然后打印出小票告诉卡主无法交易。接着,这些高科技强盗开始用盗号的伪造银行卡在曼哈顿中心区的自动柜员机上刷取现金。这场骗局的现场在哪里?钱又是在哪个地方被取走的?肯定不是在康涅狄格州,也不是在新泽西州或者纽约,那个地方深藏在自动柜员机系统网络空间里。

这个令人费解的谜团是过去二十年间,银行业务从商业街向网络空间大规模转移的结果。1971 年,花旗公司推出了第一批自动柜员机。1980 年,全美国只有不到两万台自动柜员机;但到了 1990 年,自动柜员机的数量增加到八万台。今天人们已经很少像过去那样,到银行窗口去办理现金存取业务。到 1987 年,已经有超过 80% 的银行客户使用自动柜员机处理

79

1　科克·约翰逊,《又多了件不可信的事:自动柜员机上的高科技仿冒行为》,《纽约时报》,1993 年 5 月 13 日,星期四,第 1 版、B9 版。史蒂夫·伯克霍尔德记述了对犯人的审判,参见《盗取自动柜员机 107460 美元的策划者面临审判》,《波士顿环球报》,1993 年 12 月 19 日,星期日,第 57 版、第 59 版。策划者斯科特·佩斯化名"威尔·萨顿"。

他们一半以上的交易。[1]

当这些装置还是稀罕物，大家还不太了解的时候，它们有时候会被直接当成银行职员的机器人替身，因为它们设在银行里，立在柜台边，你从那里拿到存款凭条。但事实并非如此。因为自动柜员机与银行记录建立连接靠的是电子手段而不是物理手段，它们不一定真的要装在银行里和大堂经理的眼皮子底下，所以它们很快被搬到了大街上。在那里，它们能够每天二十四小时、每周七天不间断运作。人们很快意识到，原来这些柜员机根本不需要依附银行大楼，把它们放到那些人群自然聚集、人们真正需要现金的地方会更有效——超市、购物广场、机场、大学学生中心和办公楼大堂。或者，在洛杉矶南部中心区和芝加哥南部这些地方，柜员机还是装在警察局大堂里比较合适，这样数钱安全。自动柜员机已经实现了国内和国际联网，你可以在远离家乡的机器上刷取现金。传统的中心区银行大楼解体了，留下的碎片经过重组，变成了新的装置。

与此同时，电子资金转账网络取代了传统上经常被强盗惦记的诱惑之地——公共马车、运钞车，甚至（某种程度上）装满现金的口袋。我的工资每个月会自动以电子汇兑的方式打进我的银行账户，然后其中一部分会被转出去偿还按揭。

81　CHIPS（纽约清算所银行同业支付系统，为纽约一些大银行所有）——不过就是曼哈顿一幢毫不起眼的办公楼里几部大型计算机和一百来条专用电话线——每天要处理世界各地的银行好

1　D. G. 普莱斯和 A. M. 布莱尔，《变化中的服务业地理布局》（伦敦：贝尔哈文出版社，1989 年），第 130 页。

几万亿美元的支付款。[1]1980 年，纽约清算所银行同业支付系统和由美联储运营的联邦结算系统每天的电子转账金额大约是美联储账户余额的十二倍，到 1990 年变成了五十多倍。钱再也不是装在保险箱里的金条，而是网上数据库里的比特。

数字时代发展到了这个阶段，我们几乎都忘掉了 bank（银行）这个词来源于 banchi——中世纪交易市场上的一种长凳。银行主和客户就在这些长凳上面对面互许诺言。[2]协调一间银行运转，提供适当的房间和通道（像约翰·索恩爵士设计坐落在伦敦市中心、占地三公顷的英格兰银行时那样）不再是头等大事，要紧的是重新配置好电脑系统。仔细瞧瞧索恩的设计，看看宽敞的交易大厅里那些细分的功能区——银行股票室、会计室、贴现室甚至还有五英镑纸币室，不禁令人惊叹。像这样的地方我们再也看不到了。总的来说，我们正在迎接软银行的一步步到来——二十四小时营业，在很多地方都能找到，为人们提供电子介导的取款、存款、支付账单、兑现支票、销售点交易、兑换旅行支票、提交借贷申请、打印财务报表，以及其他任何银行业能想得到、卖得出的金融服务。[3]

如果最后连硬币和纸钞都没有了，那么现在随处可见的自动柜员机（至少作为现金发放机）甚至也将面临淘汰。这是一

1　彼得·帕赛尔，《快钱》，《纽约时报》，1992 年 10 月 18 日，星期日，第 6 版，第 12 页。艾伦·B. 弗兰克尔和杰弗里·C. 马夸特对大规模的国际性电子资金转账系统（EFT）中的纽约清算所银行同业支付系统（CHIPS）、自动支付清算系统（CHAPS）、环球同业银行金融电信协会（SWIFT）及其他因素进行了论述，参见《国际支付与 EFT 连接》，载艾莉诺·哈里斯·所罗门著《电子资金转账与支付：公共政策问题》（波士顿：克鲁维尔·尼吉霍夫出版社，1987 年），第 111-130 页。

2　佩夫斯纳，《建筑类型史》，第 193 页。佩夫斯纳指出，与此相关的破产这个概念最初也有一个颇具空间感和实体感的解释：一个银行家破产后，他的长凳就破裂了。

3　虚拟银行概念的发展参见罗伯特·P. 巴龙，《银行及其顾客：明天的虚拟现实银行》，《当代重要演说》第 59 期（1993 年 2 月 15 日）：第 282-286 页。

82 个相当明了的技术发展趋势。有了网上转账、支票、信用卡、
借记卡、随处可见的销售点终端，还有像设有电子读卡装置的
停车咪表这样的投币机器替代品，一个没有现金的社会必将到
来。[1] 能在任何地方付款和收款的个人终端可以和手提电脑或
者掌上电脑结合起来，或者做成钱包大小的专门装置。

在迈向无现金世界的道路上，赌场已经先行一步，这不足
为奇。位于康涅狄格州皮夸部落保留地的福克斯伍德赌场会向
来客发放"贝壳串珠卡"——一张用电子手段储存账户余额和
交易记录的智能借记卡。赌桌和一个电脑网络相连，网络管理
员夸口说："老虎机的把手每拉一下，我们就登记一笔。"[2]

银行大楼不再是放钱的地方。它们越缩越小，再也无法像
索恩的伟大设计那样，强烈地彰显金融机构的宏伟和交易数额
的庞大。现金和与之相关的交易点确实有可能很快就会彻底消
失。今天的银行大盗们正在学如何破坏计算机信息安全，而不
是学如何打开保险箱。

交易大厅 / 电子交易系统

历史上，用于进行普通股股票、期货和期权合约交易的

1　对其可能性的论述参见伯纳姆·P. 贝克威思，《对美国银行业的八项预测》，《未
来学家》（1989 年 3 月 /4 月号）：第 27-33 页；詹姆斯·B. 鲁尔，《电子资金转账
政策的价值选择》（华盛顿特区：电信政策办公室，未注明出版日期）；及大卫·R.
沃里克，《没有现金的社会》，《未来学家》（1992 年 11 月 /12 月号）：第 19-22 页。
2　艾伦·拉丁，《赌场在无现金交易上赌一把》，《信息世界》，1994 年 6 月 20 日，
第 70 页。

组织化交易所已经日益发展成为为交易活动精心设计的专门场所。但刚开始时，这些场所并没有那么复杂。伦敦证券交易所是由一间咖啡屋发展而成的，交易者常在那里碰头。在维琴察，每逢星期二早晨，你还能在帕拉迪奥用魔术般的凉廊将其包裹其中的老会堂里见识到现代商品市场是如何发端的：买家和卖家仍然在木质小单间里做交易，几百年来他们一直是这样做的。

1801 至 1802 年，当詹姆士·皮考克在为伦敦证券交易所设计一幢新楼时，欧洲的证券交易所已经发展成为一个自治组织，成员是那些聚集在拍卖市场买卖证券的人。一名成员只要购买一个"席位"，就获得了在场内交易的权利。19、20 世纪的一些大交易所，像阿姆斯特丹那些由 H. P. 贝尔拉格设计的砖砌大楼，就建在交易大厅周围。华尔街上的纽约证券交易所里，大厅中间为成员公司设的"交易站"被设计成哑铃状，电话亭设在大厅周边位置，为助理员腾出了足够空间方便他们跑来跑去传达交易指令。巨大的显示屏闪烁着，经纪人大声喊价和认付，这就是典型的资本主义浪漫。

当然，随着电报和电话的出现，这些情况渐渐开始改变。现在交易员聚集到了像全美证券商协会这样处于不同地理位置的场外交易市场，在那里报价，买进卖出。这些场外交易市场不在哪个交易大厅里，可以在任何地方。席位变成了虚拟的。

电脑的出现又将这一进程推进了一大步。到 20 世纪 90 年代初，各地的交易大厅都显得过时了：英国和法国的股票市场几乎完全改由电脑操作；多伦多证券交易所计划关闭交易大厅，韩国和德国的交易所也在着手这样做。[1] 很多股票交易——

1　托马斯·麦卡罗尔，《未来冲击：交易大厅过时了吗？一个新系统加快了向全球电子市场迈进的步伐》，《时代》，1992 年 6 月 29 日，第 69 页。

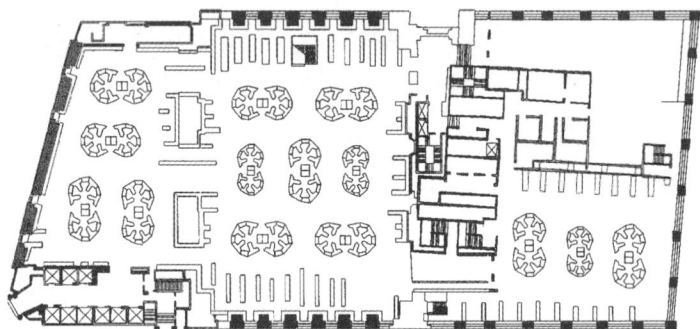

图 13　纽约证券交易所交易大厅，由乔治·W. 波斯特（1903 年）、特罗布里奇和利文斯顿（1923 年）设计。大厅中间是为会员公司设的交易站，电话亭靠四周的墙壁排成一行。

也许是大部分——已经由人与人之间的交易变成了电脑与电脑之间的交易。美国财政部宣布了引进电子债券拍卖的计划，这样华尔街的交易员就可以在电脑上报价，再也无须电告政府职员，政府职员也不必再抓起笔草草做记录了。[1]

1992 年，路透社、芝加哥商品交易所和芝加哥交易所开通全球电子交易系统。该系统规模庞大，能够二十四小时运作，提供期货和期权合约交易服务。系统的设计和建设时间一样长（四年），耗费的资金（七千万美元）差不多能建一幢新的交易大楼。但这里没有交易大厅，买进和卖出指令首先通过电子手段输入系统，电脑将接收到的交易指令加以匹配并制定出价格，交易参与者被充分告知，认证信息被发往芝加哥交易所清算中心，最后买卖双方的账户得到清理——所有这些只需几秒钟就能完成。该系统的主席说："通过这套系统，我们可以将市场拓展到世界上所有国家和时区。"

虽然全球电子交易系统刚刚起步，还面临一些问题，但它向我们清楚展示了金融市场的未来趋势。金融市场评论家们（基本上是一帮守旧派）现在终于认识到，一个全新的世界即将到来：

> 金融市场的全球化解散了传统的金融交易市场，同时又通过电子手段把它们重新整合起来。实体市场（交易大厅）过时了，"虚拟"市场——电脑网络和电脑终端——逐渐成为了交易"地址"。新技术正使人作为交易者的角色从市场机制中消失。股票交易专家正被新的

1　路透社，《证券交易系统延迟受质疑》，《纽约时报》，1993 年 4 月 29 日，星期四，D16 版。

系统取代，这些新系统总体来讲是应机构投资者之需设计的，它们正逐渐成为主要的交易者。期货和期权交易者同样面临着将他们的工作任务编程，交给能够自动匹配指令、清算或者仿真公开叫价的电脑程序去完成。[1]

从金融市场到电子空间的转变已经改变了交易的内容。20世纪90年代出现了大量速度快如闪电的金融衍生品电子交易。这些由电脑生成的复杂的金融工具需要依靠电脑网络将金融数据瞬间传播出去，还需要依靠功能强大的工作站进行衍生工具交易必需的复杂运算。[2] 这些纯粹由电子空间产生的东西——远期、市值、领子期权、掉期交易、期权、互换期权等——本质上都是经过精心计算的、传统的股票和债券投资之外的赌博。1994年，纽约证券交易所衍生金融工具交易每月的成交额达到美国国内生产总值的两倍。

位于曼哈顿顶部、在林立的高楼中间犹如峡谷一般的华尔街确实曾一度是股票和证券交易的场所——真正是资本之都。如今（虽然原来的街道还在，里面的电子设备也越来越多）它已经成为网络空间里一个繁华地带的代称。

1　彼得·A. 阿伯肯，《股票、期货、期权市场的全球化》，《经济评论》（1991年7月/8月号），第1-21页。

2　约翰·格林沃尔德，《秘密印钞机》，《时代》，1994年4月11日，第28-34页。

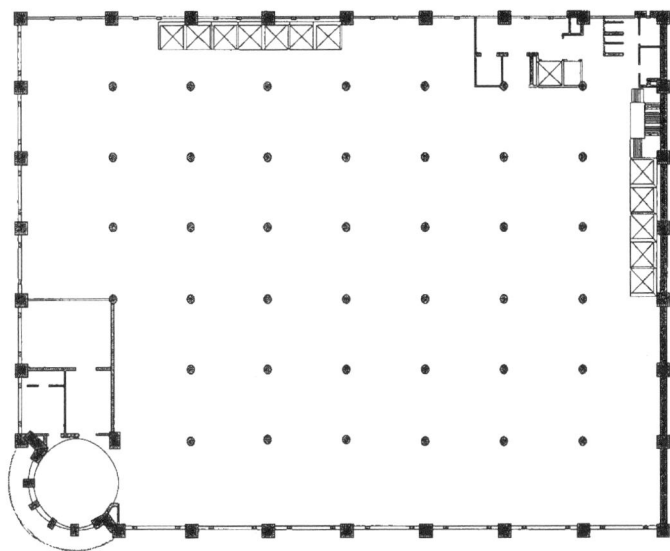

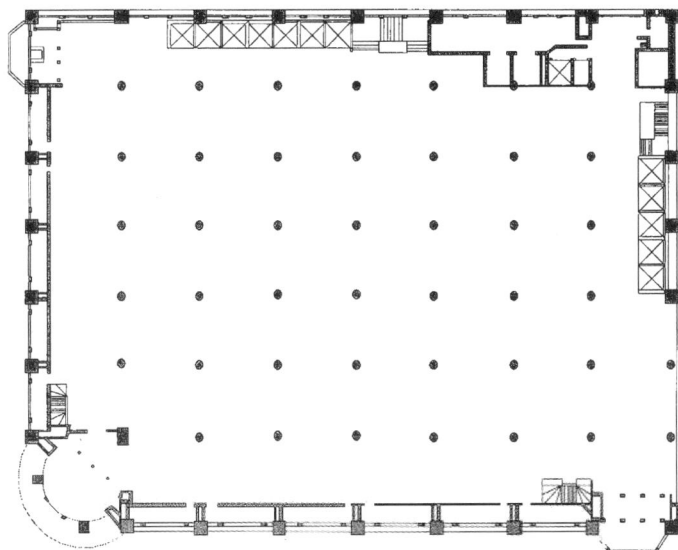

图 14　芝加哥百货公司大厦（原施莱辛格＆迈耶大楼），由路易斯·沙利文设计（1899—1903 年）。与垂直的流通系统相连的楼层是开放式的，非常宽敞，为展示商品提供了空间。

百货商店／电子购物广场

不要以为网络空间里的市场只能是一个数学达人疯狂交易一般人看不懂的金融工具衍生品的地方。现在连厨房洗涤槽这样普通的物件都可以通过电子手段买卖。松下电器公司曾经在新宿设了一间 20 世纪 90 年代新型厨房展厅，当时他们打出的广告是"世界上唯一一个能从大街上走进来，体验一个应用于消费者的高科技虚拟现实系统的地方"[1]。你可以戴上一个头戴式耳机和一双数据手套来体验展出的装置。事实上它并不怎么好用：粗陋的视景仿真效果跟法定盲人的视力水平差不多；手势感应器只能识别几个简单的手和手指动作；沉重的器械让人脖子生疼。但如果保留这种展示产品的方法而把房间去掉，确实能节省不少在东京异常昂贵的场地。

这只是过渡性的一步。一旦传统的产品展厅被虚拟化——被一系列电脑仿真系统取代——人们就有可能在任何地方走进去参观体验。（或许根本不需要复杂的虚拟现实界面。通过随时待命、能展示模特穿上衣服的样子的视频短片，或者由观众控制、能远程查看产品的视频摄像机，说不定就足够搭建一个高效的虚拟展厅。）有了足够的网络带宽，有了足够便宜、广泛应用的妥当的显示装置，新宿的地租几何就无关紧要了。电子购物广场变成了西尔斯之类的百货公司和家庭有线电视购物节目的电子替代品。

---

1 大卫·特雷西，《在虚拟现实商场里逛》，《国际先驱论坛报》，1993 年 5 月 7 日。

　　"去买东西"如今有了新的意思。[1] 传统上，这意味着去一趟市场——到历史悠久的市中心，加入市民的行列。过去，市集广场和赶集日曾经是重要的空间和时间标记。货摊或者商店和公共场所的接口是高度标准化的：要么敞开前门展示里面的商品，要么（从 17 世纪起）用玻璃橱窗展示商品。[2] 群簇的商店可以采用统一标准化的建筑形式，组成更加宏伟的城市元素，像朱塞佩·门哥尼设计的米兰伊曼纽尔二世长廊里的那些商店一样；或者可以像 1852 年开业的巴黎玻玛榭百货公司那样，多家商店联合组成一家单一的、垂直叠加的大型商场，坐落在市中心，大批购物者乘坐火车、有轨电车或者公共汽车蜂拥而至。[3] 更晚一些，这些模式大多被开车到市郊的购物中心或者到城镇周边的大型货仓式商场去购物所取代。[4] 然而，电子购物中心直接缩短了前往商店或展区的路途，用电脑屏幕里的视窗取代了面朝大街的玻璃橱窗。

　　销售人员、消费者和供货商再也无须集中在同一处，他们之间只需用电子手段建立联系。电话订购电脑业务是践行这个理念的先驱，做得非常成功。经营这种业务的"商店"由像戴

89

1　顾客需要权衡的是：一方面店铺购物能获得多感官的丰富体验和可能的娱乐价值；另一方面，网上购物快速又便利。参见 F. 科普曼、I. 所罗门和 K. 普鲁萨洛格鲁《网上购物还是店铺购物？一个预测基于电信技术的新型服务使用情况的选择模型》，《环境与规划第二辑》第 18 期（1991 年）：第 473-489 页。

2　佩夫斯纳，《建筑类型史》，第 257 页。

3　理查德·森内特的《公共商品》对百货公司的出现及其在城市生活中担当的角色有过深刻论述，参见《公众人物的没落》（纽约：诺顿出版社，1992 年），第 141-149 页。

4　建于 1922 年的堪萨斯城乡村俱乐部广场常常被认为是郊区购物中心的原型。1956年由维克托·格伦设计建造的明尼苏达州伊代纳南谷购物中心是第一座全封闭式购物广场。相关历史参见 W. S. 科文斯基，《购物中心在美国的发展》（纽约：威廉·莫罗出版社，1985 年）；及 B. 梅特兰，《购物中心：规划与设计》（英国埃塞克斯：建设出版社，1985 年）。

尔这样的公司运营，组成部分包括免费电话线或者电脑联网、设在便利的交通中心的货仓和装有无线电脑的联合包裹服务公司的送货卡车。传统的零售卖场被一个地理位置分散的、由电子手段支持的消费者交易系统彻底取代。

即使是仅存的一些看似熟悉的零售店，也在快速转变为计算机密集型的网络节点。超市结账处的条形码扫描器、信用卡交易终端和租赁汽车还车处的无线电脑，这些都属于迈出的明显第一步，但零售场所和网络空间之间的密切连接还可以走得更远。从 20 世纪 80 年代起，零售连锁企业沃尔玛和凯马特一直在使用 VSAT（甚小口径卫星系统），将散布各地的超市、送货车和仓库连接成复杂的电脑系统，方便进行准时制库存控制、价格更新、信用卡授权和召开视频会议。[1]同样的系统还可能使所有店里货架上那些用 LED（发光二极管）显示的标价在几秒钟内全部换掉。店员可以使用手持无线存货跟踪电脑查看货物的库存水平和价格、提交订单，不用离开卖场。在一些店里，手持无线销售终端（像一块电子剪贴板）正在替代位置固定的销售点终端。[2]凯马特的索博客客流系统使用红外线感应器跟踪店内客流，调度销售人员，必要时增开结账通道并为如何设置广告、展示商品提供信息。[3]

商人们会渐渐意识到，他们可以撤掉卖场、解散销售人员，

1 雷内·科维诺·罗兰，《卫星进入主流》，《折扣店》第 30 期（1990 年 6 月）：第 45-46 页。关于 VSAT 技术，参见杰伊·C. 朗兹，《公司使用发射机应答器能使滞销变成缺货》，《航空周刊与航天技术》第 126 期（1987 年 3 月 9 日）：第 122-125 页。

2 史蒂芬妮·斯特罗姆，《无线信号忙坏了零售商》，《纽约时报》，1992 年 7 月 29 日，星期三，D7 版

3 弗朗辛·施瓦德尔，《凯马特测试"雷达"以追踪顾客》，《华尔街日报》，1991 年 9 月 24 日，星期二，B1 版。

只保留储存着产品规格、价格、供货信息、图像和仿真系统的数据库服务器。电话订购业务变成了网络订购业务。这将有助于企业降低管理成本、开拓更大的市场、进一步提高多个层面的自动化程度。产品信息能够随供应和价格的变化及时调整。消费者既可以远程进入这样一家虚拟商店逛逛，也可以把购物任务交由购物代理人软件完成。这个代理人带着购物清单到网上去查看商品的规格和价格，然后回来报告最合适的商品和价格。成交后，发货指令会马上发到仓库，存货数据库马上更新，货款通过电子转账马上支付。随着互联网向商业用途开放，网上商业服务的发展，还有交换式视频网络的出现，计划选择电子购物的人越来越多了。大家还记得大约在 20 世纪 90 年代初，一些敢于先行一步的企业曾经为此作过什么样的努力吗？

杂货店。时代华纳公司宣布了在佛罗里达州奥兰多市建设全方位服务网试点计划。该计划包含一个互动式菜单入口，通往一个有 20000 种商品的网上超市和一个有 7500 种商品的杂货店。[1] 在这些虚拟商店里，购物行为已经蜕变成用手指在电脑上指指点点。"货架"上展示着商品的实物图，购物者沿着"货架"走过，取下要买的东西放进"购物车"，最后用信用卡结账。店家会提前安排好时间发货。

汽车。让我们看看汽车商城，这是时代华纳公司在奥兰多市的全方位服务网提供的另一项服务。通过这项服务，你可以在网上互动式地浏览各种小轿车和卡车，选出你想要的，然后请销售人员把车开到你家里给你试驾。

---

1 帕特里克·M. 赖利，《家居购物：下一代》，《华尔街日报》，1994 年 3 月 21 日，星期一，R11 版。

电脑。在电脑行业的廉价薄利端，互联网购物网络于1994年上线，它拥有一个万维网"店面"，通过马赛克导航程序便可浏览其产品目录。当顾客选中了目录中的一样商品，系统会自动验证顾客的信用度，扫描供货商的当前库存，选择最低成本的分销、仓储和配送服务组合，并确认订单。配送由快递服务公司负责。网站老板宣称："顾客一按按键，货仓里一件商品就被抽了出来，上面还有他的名字。"[1]

披萨。[2]电话将被交互式电视取代。你进入一个虚拟披萨店，就能看到一张菜单，上面有该店披萨各种备选配料。你选中后，屏幕上就会显示出相应的一个披萨的图样，上面还贴着价格。如果你觉得满意，离你最近的一个店就会接到通知，马上送货上门。

衣服。设想有这么一个虚拟时装店。商品目录是很多视频短片，里面有模特穿上店里衣服的样子。这些短片在你家的电视机里就能随便看到。（时代华纳公司董事长对此发表意见说："我们现在讲的是广告形式的根本性转变……你可以把展厅搬回家里，在里面逛上十五分钟。"[3]）你的具体尺码被保存在某个数据库里。店里没有存货。你一下单，电脑控制的机器就能读取你的尺码，为你做出一件刚好合身的衣服。（试衣间没了用处，你的尺码永远不会断货。）接着，衣服就会送到你家里。

有了这样的软商店，百货公司专门的零售区域和各个部门就变成了简单明了的目录类别——以菜单项、图标或者设在网

1　大卫·班克，《浏览目录，上网下单》，《圣荷西水星报》，1994年4月20日，星期三，9D版。
2　1994年必胜客连锁店通过在万维网设立"披萨网"主页，率先推出电子送餐服务。
3　约翰·蒂尔尼，《人们是守着电视还是在数据高速公路上飞驰？》，《纽约时报》，1993年6月20日，星期日，第1版。

上服务界面的虚拟"店面"形式呈现的逻辑分类。零售店的选址问题变成了如何编制恰当的目录。就像以前查电话号码黄页那样，顾客们只需用手指（或者是现在，用光标）完成购物。哪怕和最大的城郊超级大卖场相比，软商店里的商品更齐全，选择余地也更大。只有两样东西还保留着物理形态，那就是货仓（随着计算机化存货控制策略越来越高级复杂，它的面积可能越变越小）和送货车。

从凯马特商场到电子商场。零售商店会就此消失吗？[1]

工作 / 在网上工作

办公楼是处理信息的工作场所——一个收集、储存、转换和散布数字、文字，有时候还有图片的专门场所。[2] 因此，它大多由配备有信息处理装置（电话、电脑、传真机、打印机、文件柜、收件箱和发件箱之类）的办公桌、会客室和会议室、

1 理查德·斯科洛夫是一位行业分析师，他说："网络空间将终结由沃尔玛开创的时代。通过电脑网络进行的交互式购物将使更多传统的中心商业区和更多夫妻店倒闭。"约翰·马可夫于《在虚拟边疆抢占一席之地》一文中引用了这段话，见《纽约时报》，1994 年 1 月 2 日，E5 版。
2 这种建筑类型至少能回溯至佛罗伦萨的乌菲兹美术馆，该馆由乔治奥·瓦萨里建于1560—1574 年。19 世纪，市中心办公大楼日益流行。到 19 世纪末，尤其在芝加哥，办公大楼发展成为钢筋结构、带电梯的高层建筑。相关简史参见佩夫斯纳，《建筑类型史》，第 213-224 页。

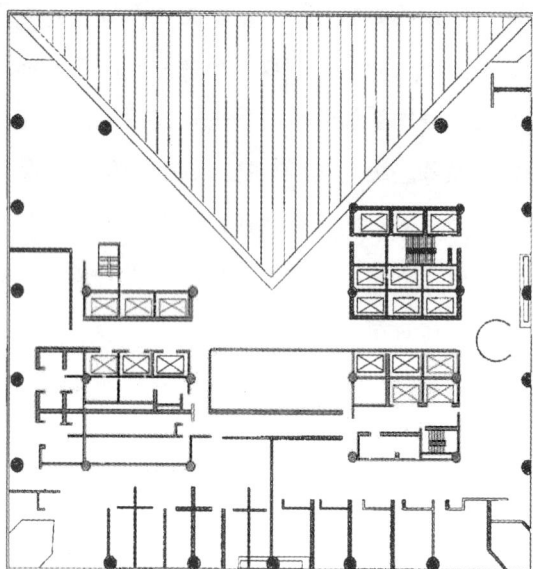

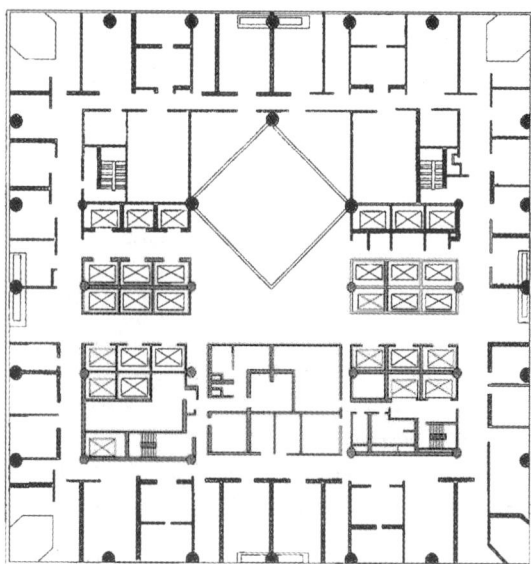

图 15　香港中国银行办公大楼典型的楼层，由贝聿铭建筑设计事务所设计（1990 年）。这幢外表光鲜、有空调、有电梯的摩天大厦里坐满了办公人员。

复印中心和信件收发室、咨询台还有流通空间组成。[1] 在经济学家看来，这些场所是信息增值的地方。

当信息处理工作越来越繁重、越来越重要，当日益高效的运输和通信系统使办公室从货仓和工厂分离出来，位于寸土寸金的中心商务区（CBD）的办公楼便发展成了外表光鲜、有空调、有电梯的摩天大厦。这些建筑代表着信息处理机构（银行、保险公司、工商业组织的公司总部、政府机关、律师事务所、会计师事务所和建筑师事务所，等等）的实力和威望，正如一座宏伟、质朴的宫殿彰显着伟大的罗马、佛罗伦萨或者锡耶纳家族的重要性。因此，打个比方：汇丰银行想展示自己的实力和重要性，于是在香港商业区的中心位置建了一座耀眼夺目的高楼；而中国银行想超过它，于是在附近更高的一处位置建了一幢比它高得多的楼。

随后就出现了一种为我们所熟悉的、被广泛复制的、更大的城市建筑模式——无论是在伦敦、芝加哥还是东京，都能见到（虽然各地不尽相同）。这些大厦密密麻麻地建在交通网络最中心、最便利的地带。工作人员则住在人口密度较低的郊区，每天乘坐通勤车上下班。这种高度集中的安排（与扩散分布相反）创造了大众运输系统相当可观的规模经济效益。工作日期间，市内提供的各种服务满足了人们作为劳动者的工作需要；晚上和周末，郊区提供的各种服务满足了同样的人群作为居民

1　对该模式的论述参见乔安妮·耶茨，《通过通信技术实施控制：系统在美国管理领域中的兴起》（巴尔的摩：约翰·霍普金斯大学出版社，1989 年）。19 世纪初美国的商业企业通常规模很小，由家庭经营，对内部运作的控制和协调往往靠口授和信函。铁路、电报系统和后来出现的电话促进了规模更大、眼神更广的组织的出现，这些组织使用了更新式的内部通信模式和更多层次、更加系统的管理技术。制作、复制和存储文件的新技术也发挥了重要作用。

的生活需要。

　　用代理人把整个错综复杂的结构连结起来（包括所有层次，从单独的工作间到中心商务区办公大楼里的办公室，还有通勤铁路网络）是与合作伙伴和客户当面交流的需要，是与昂贵的信息处理设备近距离接触的需要，是到市中心获取只有那里才有的信息的需要。但是，价格低廉、分布广泛的电脑网络系统以及无处不在、日益精良的电信系统的崛起，大大削弱了这些以往必不可少的场所的粘合力量，使得旧结构中的一些组成部分开始松脱，然后又以新的聚集形式再度粘合。远程办公已经问世，它"部分或全部替代了电信技术，也许要用、也许不用电脑作为辅助手段，免却了那些每天两趟乘坐通勤车上下班的上班族奔波之苦"[1]。

　　比如，大量的"后台"工作可以从市中心的高楼里转移到较为便宜的市郊或更远的地方。住在本地的办公人员可以通过电子手段和总公司保持密切联系。这些总公司虽然现在变小了，但仍然处在中心位置，人们还能看见它们。卫星办公室甚至可以搬到其他城镇或者劳动力更加便宜的外国去。（下次你支付信用卡账单或者订购邮购商品时，不妨看看邮寄地址。你会发现那不是大城市的中心区，而更可能是中部地区一个不怎么出名的地方。）在中心城区周围形成的近郊居住区同样为建设远程工作中心——商业街上与大公司或者政府部门总部建立起电信连接的小办公室群——提供了契机。[2] 这样一来，通勤系统

1　杰克·M.尼勒斯，《通过远程工作缓解交通拥堵：现状评述及精选书目》，《交通研究第一辑》第22A卷第4期（1988年）：第301-317页。

2　雪兰多山谷远程办公中心使联邦政府的职员无须到华盛顿特区上班。该中心是由联邦政府出资的一个试点项目建成的首个远程办公中心。参见艾比·巴塞尔，《远程工作与商业街》，《建筑进展》（1994年3月号）：第55页。

的模式和服务地点也随之开始变化：比如说，一名工人可以骑自行车到郊外的卫星办公室群或者远程工作中心上班，而不用再开车或者乘坐公共交通工具到市区的总部去。

另一个办法是开发度假办公室。一个工作团队可以离开办公地点一段时间，在一间度假办公室里专注于某些需要持续集中人力，或者需要更高的智力生产率，但又要通过电子设备连通总公司的信息资源的特殊项目。日本的一些公司就对这个理念颇感兴趣，这种办公室的雏形已经在熊本市附近的阿苏温泉度假区这样一些地方建起来了。[1]

在保险公司和其他一些售卖无形产品或者先接订单后交货的机构工作、整天在外面跑的销售人员马上就可以转型为高科技流浪者了。他们只需守在网上，几乎不用回公司。当有一天公司总部的小办公间变成了公文包里的办公室，这类行业传统上的中心，像康涅狄格州哈特福德市，前景看来越来越成问题。[2]

更大胆一些的设想是：很多一直在城市中心位置完成的信息处理工作可能会被搬回家做。只要有网络、有电脑，哪怕住在城郊或者农村都没问题。早在20世纪60年代，那时个人电脑还远没有诞生，詹姆斯·马丁和阿德里安·诺尔曼就预言这一天会到来。他们说："电脑终端会代替纺车，我们可能会回到家庭手工业时代。"他们还说："将来一些公司可能几乎没

1　温迪·A.斯平克斯，《日本的卫星和度假办公室》，《交通》第18期（1991年）：第343-363页。
2　参见柯克·约翰逊《高科技流浪者新族群：带着电脑到处跑的职员改变了公司》，《纽约时报》，1994年2月8日，星期二，B1版，B5版。

有办公室了。"[1]发生在 1973 年的石油输出国组织石油危机促使人们对居家远程工作经济进行了认真研究。[2]接着，这个策略被 20 世纪 80 年代里根任总统期间红极一时的未来学家们狠推了一把。他们说，这样不仅能为雇员节省通勤时间和费用，还能为他们节省房租和其他开支。1990 年出台的《联邦空气清洁法案修正案》又为这个设想的实现增添了动力。该修正案要求员工达到一百人或以上的公司减少使用小汽车上下班，这样的公司不在少数。更多头脑清醒、具有怀疑精神的评论家则对此表示反对，声称省下来的交通费会被向分散办公的职员运送补给和器械所需费用的增加抵消，甚至可能得不偿失；而且，场地费用和间接费用开支并没有消失，这些开支会转嫁到员工身上去。但 1993 年出现了一种明朗的趋势，发展迅猛：全美国已经有 660 万居家远程工作者，比 1991 年增加了 20%。[3]

97 　　与此同时，很多观察家已经相信，日常工作的典型特征正以种种方式发生改变，这些方式强化了这种趋势。罗伯特·莱

1　詹姆斯·马丁和艾德里安·R. 诺尔曼，《电脑化的社会：未来十五年电脑对社会的影响评估》（新泽西，恩格尔伍德：普伦蒂斯 - 霍尔出版社，1970 年），第 32 页，第 155-156 页。

2　特别参见 J. M. 尼勒斯、F. R. 卡尔森、P. 格雷和 G. J. 汉纳曼，《权衡电信与交通：明天的选择》（纽约：约翰·韦利出版社，1976 年）。

3　罗伯特·E. 卡朗，《在家工作，可能更好也可能更糟》，《纽约时报》，1993 年 4 月 18 日，星期日，商业版，第 1 页，第 6 页。该文将"远程工作者"定义为"在家而不是在办公室工作的商业或政府机构全职或兼职雇员"。那时候报纸上越来越多的报道显示，远程工作在美国正明显增多：《迈阿密先驱报》（1993 年 12 月 13 日，第 24 页）报道，1993 年远程工作的人比前一年增加了一百万，在正常工作时间居家工作的兼职或全职公司雇员人数增加了 15%；《华尔街日报》（1993 年 12 月 14 日，B1 版）报道，在接受调查的雇员中，有 20% 到 40% 的人愿意远程工作；《亚特兰大宪法报》（1994 年 1 月 2 日，E2 版）报道，社会上出现了用电子手段支持居家工作的发展趋势，从 1987 年到 1992 年的新增工作岗位中，居家工作占了 45%；《圣彼得堡时报》（1994 年 1 月 3 日，第 19 页）称男士西装的销量直降，原因是"通过传真机和电脑打交道"意味着"没必要把外表太当回事"。

克写了一本宣传政纲的小书，名为"国家的工作"。他在书中坚称，先进的经济体正日益依赖主要从事信息处理工作的、技术精湛的"符号处理器"。其他一些人则指出：过去信息处理组织尚能长期留住一批对于业务必不可少的专业技术人员，但在当今这个经济全球化，政治、社会和技术正在经历快速变革的时代，这变得越来越难。现在，更好的办法往往是根据项目需要，组建多人参与合作、地理位置分散的各路专家联盟（顾问、供应商、转包商等）。等到旧项目完成、新项目开始时，就可以解散旧联盟、组建新联盟。现在我们进入了一个临时性、可重组的虚拟组织时代，业务安排需要依靠良好的计算能力和电信条件来实现，而不是靠巨大而永久存在的总部办公室。

20 世纪 60 年代和 70 年代初，电信革命风头日盛。一些城市规划专家断言，这种新技术一旦站稳脚跟，市区就会很快解体。例如梅尔文·韦伯就作过这样的预测："历史上将会首次出现这样一种可能：即使你在山顶上，也可以和业务伙伴或者其他联系人保持亲密、实时和真实的联系。所有加入了全球通信网络的人互相之间都能建立起像今天任何一个大都市圈里人和人之间的那种关系。"[1]

有证据显示这些理论家是对的。让我们看看西尔斯罗巴克公司，在这场电子风中，它就是风向标。1974 年，该公司在芝加哥卢普区建起了傲视群雄的西尔斯大厦，建筑面积 450 万平方英尺，是当时世界上最高的建筑，其所在地就是摩天办公

---

1 梅尔文·M. 韦伯，《后城市时代》，《代达罗斯》第 97 期（1968 年）：第 1091-1110 页。类似观点参见 R.F. 艾伯特《城市为何重要》，《贝尔电话杂志》第 49 卷第 2 期（1970 年）：第 10-15 页，及 P. C. 戈德马克，《通信与社区》，《科学美国人》第 227 期（1972 年）：第 143-150 页。

大楼的诞生地。但西尔斯留在那里的时间并不长。到 1992 年，该公司已经清空了所占四十层楼中的三十七层，把五千个工作岗位转移到了芝加哥郊区霍夫曼爱思黛市以西三十五英里。

98

但预言城市解体的先知们低估了现行模式的惯性，20 世纪 80 和 90 年代现实情况变化的复杂程度也实在超出了他们的想象。电信和交通的相对成本确实已经开始影响办公室工作的地点。[1] 但一度紧紧地将办公室黏在市区的胶水效力变弱只是造成办公地点分散的原因之一，而不是决定性因素。劳动力和资本市场的有效运转以及地方特殊情况的影响往往会塑造区位模式。事实上，区位模式正是产生于这种改组。[2]

那些让人看着头晕目眩的自命不凡的公司大楼为 20 世纪的大都市作了生动注解。或许现在还没到跟它们说再见的时候，但它们再也不是必不可少的了。如果有选择，我们当中很多人会选择在网上工作。

1　到目前为止，针对远程工作和出行之间、远程工作中空间和其他影响因素之间的权衡取舍，已经进行过相当多的实证研究。例如，可参见瑞贝卡·哈默、埃里克·克罗斯和哈里·范·奥斯特斯特罗姆，《荷兰的远程工作：对出行行为改变的评估》，《交通》第 18 期（1991 年）：第 365-382 页；帕特里夏·L. 穆赫塔里恩，《远程工作与出外上班：实践现状及最新水平》，《交通》第 18 期（1991 年）：第 319-342 页；杰克·M. 尼勒斯，《远程工作与城市扩张：调和者还是煽动者？》，《交通》第 18 期（1991 年）：第 411-432 页；拉姆·M. 彭德拉亚、康斯塔帝诺斯·G. 古利亚和北村龙一，《远程工作对家庭出行时空模式的影响》，《交通》第 18 期（1991 年）：第 383-409 页；及伊兰·所罗门、海伦·南茜·施耐德和约瑟夫·谢弗，《远程工作比出外上班更便宜？商业环境中的交流成本考察》，《交通》第 18 期（1991 年）：第 291-318 页。

2　阿哈龙·凯勒曼论述了这一立场，见《电信与城市》，载《电信与地理》（伦敦：贝尔哈文出版社，1993 年），第 93-115 页。

在家 / 在电子之家

家居的客厅正变成重组各种被电子手段取代了的活动，并让它们重新回归现实世界的重要场所。这种情况不仅仅发生在那些电子雅皮士、数字精英和电脑迷的家里，现在很多人已经开始通过家里那个小小的、训练有素的电子盒收看新闻娱乐节目、接受教育、工作、购物、理财，并开展很多一般性的社交活动。刘易斯·芒福德曾在《城市发展史》一书中，把 17 世纪的城市生活描述为"家庭与工作场所逐渐分离"[1]，但今天看来，我们似乎正在经历这种情况的逆转。

电视迷和有线电视公司的决策者们很快意识到，能完成以上这些任务的消费者电子设备比电视机更智能，可以取而代之。但它的用处远不止这个，这些电子设备还可以作为智能型的多媒体电话或者专为家用而设计的电脑使用。[2] 它们悄悄潜入家里那些常见的摆设和器具，取代或者消灭之。

在某些方面，一个连接高带宽电缆的信息装置很像一个老式信箱。信息经由那里流进住宅并被解码；反过来，信息也可以在住宅里被编码后经由那里以数字形式传送出去。当然，这个信箱不用挂在前门，它可以放在任何布有电缆的地方。它甚至可以是无线的。邮递员现在可以在任何地方敲你的门。

99

1　刘易斯·芒福德，《城市发展史：起源与变迁》（纽约：哈考特·布雷斯与世界出版社，1961 年），第 383 页。

2　到 20 世纪 90 年代中，电脑业和电视业围绕该装置能将比特送进家居这一性能展开了激烈竞争。有线电视业推出了能将电视机变成交互式装置的机顶盒，而个人电脑公司则为它们的产品增加了音频、视频和电信功能。参见约翰·马可夫，《我在想今晚个人电脑上会有什么节目》，《纽约时报》1994 年 5 月 8 日，星期日，第 3 版，第 1、8 页。

当这样的装置和一个显示器连接上（像电视机或者个人电脑显示屏），它就成了一个火炉，这个火炉辐射的不是热量，而是信息。带有烟囱和炉台的壁炉曾经是传统家庭客厅里的焦点，随后又变成弗兰克·劳埃德·赖特大胆的住宅设计的重点，被放在房屋的中心位置。那么显示器——数据、新闻和娱乐的源泉——就很有可能成为家居空间和活动最强有力的组织者。它会成为大多数家庭在大部分时间里最吸引眼球的地方。

一个配置得当的信息装置只要和一台适当的纸张处理器建立连接，就能收发传真、复印文件，或者把当天的报纸送到你手上。打印机、复印机、传真机和报箱全被压缩进一个小小的装置。它变成了一张新型的读写桌，挨着废物回收箱摆在书房或者家庭办公室里。

信息装置还可以创设电子门廊——一个你能听见别人说话，别人也能听见你说话；或者你能看见别人（在显示器上），别人也能看见你（通过摄像头）的地方。在这里跟人接触，你不需要完全暴露隐私，也不会完全失去对居所的控制。但这些门廊不一定要设在私有财产和大街的边界上（像那些被怀旧规划理论家大加赞赏的古城门廊那样），它们可以轻易地被藏在屋里，从而重建住宅空间里从公众到私人的传统层次体系。

对一位室内设计师来说，这样的区别很重要。当信息装置被当成交互式电视或者电子火炉，就会有一小群人在客厅里围坐于它们周围，从八到十英尺的距离观看它们，还可能会用手持遥控器遥控它们；当被当成传统的个人电脑，人们就会在小书斋或书房里，从大约十八英寸的距离一边看它们一边敲键盘；当被当成能创造半公开空间地带的双向视频电话，我们就不会把它们装进卧室或者厕所，但假如它们安装有医疗监视装置，那里又恰恰是我们需要它们的地方。

渐渐地，住宅不但有街道地址，还会有网络地址。内部空间的大部分功能能会通过安装专门的信息收发装置确立起来。当网络和信息装置服务的范围越来越广，人们出门的次数就会越来越少。

分解 / 重组

但是，这种分析并没有完全揭示电子之家的好处。有效地向家居传送比特数据还能弥合各种活动在空间和时间上的分隔，我们曾经把这种分隔看成是理所当然的。我们很多日常工作和消遣活动将不再依赖特定的时间和地点进行——工作时间和工作地点、剧院和表演时间、家庭和个人时间——并从此相互重合、叠加。我们会发现自己能够在同一个地方迅速从一项活动中抽出身来进行另一项活动，因此我们可以在同一个地方从事不同的活动。工作时间和空余时间之间，或者生产地点和消费地点之间的区别不再那么明朗。模糊和有争议的地带肯定会随之而来。

让我们设想一下，比方现在是晚上八点，你正待在家里的客厅，面对着三个屏幕：其中一个连接一个数据库，那是你挣钱的工作；另一个正在播放美国有线电视新闻网的新闻；第三

101

个把你带进一个数字聊天室。你的注意力在这三个屏幕之间来回切换，主要集中在数据库里，同时留意着新闻，还时不时在聊天室里正在进行的有趣对话中插上一句。孩子们走来走去，要这个要那个，你的注意力有时候要转向他们。你是在工作还是在玩呢？你老板该不该为你付出的这些时间（或者当中的一部分）买单？如果要的话，你的上司有没有权力通过监视你的显示屏监督你？你所在的是可以免税的工作场所还是不能免税的居住场所？

场地使用的这种不稳定性和模糊性同样对体现社会差别和社会化阶段的传统途径提出了挑战。[1] 在很多社会，一间住宅里有着明确而独立的活动场所，分别供男人、女人、小孩、家庭成员和客人使用。不同的空间布置传递着不同的信息。幼儿可以被婴儿室或者游乐场隔离起来，受到保护。青少年、挣钱养家的成年人和退休人员也可以有专门的活动场所，这些场所在建筑形式上有所区别。在一座城市里，监狱、修道院、寄宿制学院、孤儿院、收容所、过渡教习所、政治和宗教领袖的官邸还有低收入者住房通过制造清晰可辨、位置独立的区域，生动地体现了社会差别。然而，当建筑空间的使用不再是永久性的，而是每时每刻都必须依赖软件和源源不断的数据流，类别便会变得模糊，过渡仪式也将要重新定义。

这样一来，传统建筑类型和时空模式在电子时代的消融带来的建筑重组就具有了深远的意识形态意义。针锋相对的派别不失时机地将自己对这种重组的倾向性愿景强加于人。

1　对该观点的论述（多与电脑出现前的电子媒体有关），参见约书亚·梅罗维茨，《对场所没有感觉：电子媒体对社会行为的影响》（纽约：牛津大学出版社，1985 年）。

右派中一些未来学家（尤其是阿尔文·托夫勒）[1]已经绘就了一幅新诺曼·洛克威尔主义的画作，那是一间温馨的电子小屋，它"再次把家庭单元粘合在一起"。托夫勒认为："电子家居再次大幅度提升了夫妻俩，或许甚至还有孩子作为一个单位一起工作的可能性。"随着通勤上班意料之中的式微和换工作不用换住处的可能性的增加，我们可以期盼"社区更大的稳定性"和"譬如教堂、妇女组织、会所、俱乐部、运动员和青年组织这样的志愿者组织的复兴"。他设想了社会的温情回归：回到纺车放在客厅里、农民在自家农场开乳品店、商人住在店铺楼上的往昔岁月，回到伴随着这些安排的社群结构中。

而左派则认为，消灭家居和职场之间的空间区别和法定区别看起来更像是个阴谋，企图把"撒旦的磨坊"疏散开来四处扩散。它消除了在工作场所寻求任何庇护的可能性，鼓励没有规律的长时间工作，阻碍劳工成立组织、修订改善工作条件的规则，还迫使妇女放弃工作重回家庭。家庭空间变成了电子血汗工厂。在由此而来的电子反乌托邦社会里，"地标有可能就是些与凋敝、破落的内城居民区隔离开来的金融机构建筑群和电子摩天堡垒"，而更多有钱人的私宅和公寓则"被复杂的监视和安保系统封闭起来，与周围的社区相隔绝"。[2]

我们可以从社会公平的角度来讨论这些问题。我们是否允许以家庭为基础的就业、教育、娱乐以及其他机会和服务被导

103

---

1 阿尔文·托夫勒，《电子化住宅》，《第三次浪潮》第16章（纽约：威廉·莫罗出版社，1980年）。另见罗恩·A.韦克菲尔德，《家用电脑和家庭：自主权革命》，《未来学家》第20卷第5期（1986年9月/10月号），第18-22页。

2 凯文·罗宾斯和马克·赫普沃思，《电子空间：新技术和城市的未来》，《前景》第20卷第2期（1998年4月），第115-176页。另见汤姆·佛瑞斯特，《电子化住宅之谜》，《前景》第20卷第3期（1998年6月），第227-240页。

入某些家庭，从而用技术制造和维持一种新的特权？或者，我们是否可以把信息高速公路作为一种促进公平的机制，为那些居住在边远地区的人、不方便出门的老人、病人、残疾人和那些买不起车的人提供更多享受这些好处的机会？

　　我们还可以从建筑所具备的根本性、代表性的功能这个角度来探讨这些问题。一边是高大的公共商业大楼，代表着机构；另一边是相对整齐划一、重复单调的住宅区，如果我们再也无法用传统的方法体现这种城市差别，我们又该如何彰显社会组织及其势力？离开家到外面去上班、上学或者上教堂、到外地念大学，又从外面回家，这些承载着象征意义的行为从经济角度说意义重大，从社会和法律角度说非常典型。改变或者消灭这些行为，正如电子小屋和网络公寓承诺的那样，就是改变我们生活的基本结构。

可程控的场所

　　无论是哪一类建筑，情况大抵相同。传统的商店、图书馆、剧院、学校、银行、证券交易所、办公室、住宅或者其他任何建筑的平面图都清楚体现了该建筑的功能。在图中，你可以看见把各种活动纳入其中的专门场所，由门和通道组成的流通系统把场所内部各个部分整合起来，融为一个能够运转的整体。看看位置图，你同样可以看到出入口、窗户和墙壁如何使整幢建筑与自然环境或者城市环境相融合。从整座城市来看，

104

街道和公共场所将建筑物连成一体。18、19世纪的古典建筑师把各种空间按照从大到小的次序，安排在连接宽敞的正式入口和公共露天空间的轴对称流通系统周围，完成空间聚集的任务。[1]20世纪的功能派现代主义者以"尽量合乎逻辑、尽量提高效率"为目标，往往直接根据必要的空间元素相邻、相近的要求来设计建筑，这种要求往往是根据经验确立的，设计出来的建筑也不再那么四平八稳。[2]

然而，当电信技术通过信息高速公路上飞快的比特数据传输补充或者取代了人体在通道上行走的动作，当网真代替了活动参与者之间面对面的接触，我们预期中的空间联系松散了。至今仍将建筑和城市各组成部分紧紧包裹在一起的构成元素可能会开始游离，然后依据新的逻辑重新定位、重新组合。独一无二的自然环境、能产生文化共鸣的城市环境和有着特殊社会意义的地方社区将逐渐重申它们的势力，这样的设想或许不会过于浪漫。我们可能会发现，把那些我们曾经认为应当分散在城市不同地区、不同建筑里的场所——像生活场所和工作场所——聚集在一起大有好处。无论如何，旧的纽带已经断裂，新的组合可能正在形成。

与此同时，信息高速公路时代突然提出新的要求。建筑和建筑的各个部分现在不但要与自然和城市环境相适应，还要与它们的网络空间环境相适应。它们要逐渐像网络界面——比特数据的装卸码头那样运转。它们必须配备电子传感器和执行器，

1　教科书对这种方法的系统阐述参见让-尼古拉斯-路易·迪朗，《简明建筑教程》（巴黎：巴黎综合理工大学出版社，1802年）

2　对这种方法基本逻辑的论述参见珍妮·A.巴利奥和杰克·E.格拉沃尔，《设计与建筑中的接合与对称》（剑桥：剑桥大学出版社，1983年。）

105　具备处理能力和复杂的内部通信能力，有软件支持，能够时不时接收比特数据——像可被编程用于多种用途的电脑屏幕。我们将用经过编程的家居空间来代替客厅，在里面工作、学习和娱乐。我们将用系统代替今天高度集中的学校和医院，按需要随时随地将专业技能投放到许多不同的地方——从飞机座椅到边远农村的社区中心。我们不用再建挤满各种交通工具的大型郊区主题公园，娱乐界大亨会构建网络，为大家提供小得多的、可重复编程的仿真交通工具。[1] 房间和建筑物从此可以被看成是比特数据与人体相会的场所。在那里，数字信息被转换成视觉、听觉、触觉或者其他人们能够理解的形式；反过来，人体的动作也可以被感知并转换成数字信息。

　　建造这些可程控的场所不仅仅是把网线装进墙里、把电子盒放进房间那么简单（虽然这是开端）。随着相关技术不断发展，随处可见的微型计算装置将彻底消失。键盘和鼠标垫将不再是唯一能收集比特数据的地方，传感器将被广泛应用。显示屏和执行器会大量增加。最后，建筑会变成电脑界面，电脑界面也会变成建筑。

　　21世纪的建筑师仍然会塑造、安排和连接空间（真实和虚拟）以满足人类的需求。他们仍然会关注视觉和周边环境的质量。他们仍然会寻求实用、坚固和愉悦。但实用将不仅与平面图和建筑材料密切相关，还与软件功能和界面设计密切相关。坚固不单涉及结构体系的物理完整性，还涉及电脑系统的逻辑完整性。那么愉悦呢？愉悦将为人们带来无法想象的新体验。

1　这种系统早期的一个例子是由伊沃克斯娱乐公司开发的 Cinetropolis，参见《主题公园：感受未来》，《经济学人》第19期（1994年2月）：第74-75页。

纳沃纳

广场

点击进入一幢建筑

艺术与
休闲馆

学习中心

计算机
中心

商业与金
融广场

市场

报亭

电子邮
件中心

社区
中心

咨询台

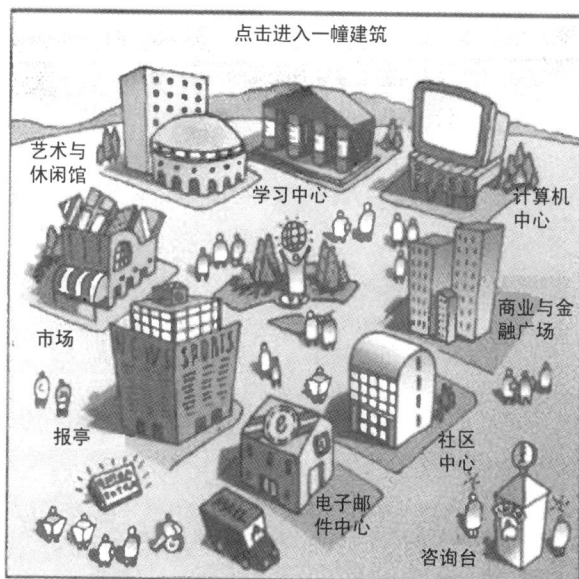

图 16　两张城市地图：诺利画的罗马城和苹果公司的电子世界。

5

软城市

计算机和电信技术随处可见，人体加装了电子设备，建筑进入后信息高速公路时代，信息产业如日中天……在这样一个世界里，城市的概念备受挑战，最终需要重新构想。电脑网络像街道系统一样，成为城市生活的基本需要。内存和屏幕空间变成了值钱吃香的房地产。大部分的经济、社会、政治和文化活动转到了网络空间进行。因此，那些我们习以为常的城市设计问题面临着彻底重构。

房地产 / 网络空间

我曾经身处一场几乎觉察不到的宇宙大爆炸现场，那是一场无声的信息爆炸，催生了数字时代的新社群。那是 1969 年秋天，在加州大学洛杉矶分校。我那时还是个年纪轻轻的助理教授，一边在写很原始的计算机辅助设计软件，一边憧憬着设计师在即将到来的电子时代所扮演的角色。从我使用的那台大型主机沿着走廊一直走有间密室，一些博尔特·贝拉尼克 - 纽

曼公司的工程师在里面安装了一台电脑，比我那台小得多。这
台电脑成为阿帕网这个注定要发展为全球互联网的电脑网络的
第一个节点。[1]

　　从这个毫不起眼的起点开始，网络的触须像野葛一样生长
蔓延，直至覆盖全球。那年的 12 月，阿帕网的节点发展到了
4 个；1971 年 4 月有了 23 个；1974 年 6 月有了 62 个；1977
年有了 111 个。网络空间很快如雨后春笋般到处涌现。20 世
纪 80 年代初相继出现了两个更为重要的网络——计算机科学
网（由美国国家科学基金会资助）和币联网（由国际商业机器
公司资助）。1988 年 7 月，一条高速主干线（NSFnet，美国
国家科学基金会网络）建成，连接起散布全美的 13 个地区网
络——就像州际公路系统将全美的地方路网连接起来一样，使
整个组织松散的系统成为了人们熟知的互联网。20 世纪 80 年
代末 90 年代初，越来越多的网络连接到了互联网。1993 年，
互联网连接着 130 多个国家将近 200 百万台主机。到 1994 年
上半年又增加了 100 多万台。

　　那个时候在美国，每两三百人中就有一台连接互联网的主
机。[2]（但对待这些数字要慎重。实际上，在马萨诸塞州剑桥
市和加利福尼亚州帕罗奥图市这些电脑普及率高的富裕地区，
密度远高于这个数；而在底特律或者东洛杉矶这些城市的内城
区[3]，密度则远低于这个数。）根据最准确的估算——但准不

1　阿帕网由美国联邦政府高级研究计划署出资组建，计划用于军事和计算机科学研究。
　　杰弗里·A. 哈特、罗伯特·R. 里德和弗朗索瓦·贝尔的《互联网的建设》对了解早
　　期历史概况有帮助，见《电信政策》（1992 年 11 月）：第 666-689 页。

2　1993 年，统计数字来自美国数字设备公司剑桥研究实验室的维·特里斯于 1993 年
　　12 月 16 日在网上发布的《互联网索引修订版》。

3　多为穷人居住，相对于中产阶级居住区和郊区而言。——译注

准确其实也没人真正知道——当时有 3000 多万人经常使用互联网。[1]

　　当互联网社区渐渐变得有点像整个电脑世界中松松垮垮的罗马帝国，无数个小小的独立殖民地和联邦也在发展。很多地方出现了连接家庭电脑的拨号电子布告栏系统，像索萨利托的 WELL 在线会议系统，它们就像一个个独立的城邦。[2]CompuServe、奇才、美国在线服务这些新兴的商业在线服务公司与政府赞助、主要用于教育和研究的互联网齐头并进。但这些互联网的长期对手中多数人很快发现，自己必须和它联合起来。

　　如果电脑一直都像 1969 年阿帕网刚刚兴起时那么大、那么贵，就不会有那么多连接互联网的电脑。然而随着网络的发展，价格低廉的个人电脑和供其使用的大众化市场软件也发展起来。先是世界上第一台微型电脑牛郎星于 1974 年问世，接着 20 世纪 80 年代初，国际商业机器公司制造出了世界上第一台个人电脑，苹果公司也推出了麦金塔电脑。这些电脑一下流水线就被加装上存储器和磁盘驱动器，其更大的兆内存拓宽了网络空间的潜在领域。

　　当技术发展到一定程度，我们对电脑的概念开始发生根本性的变化。原来这些电子盒并不仅仅是巨大、快速、集中化的计算和数据处理机器，就像电子数字积分计算机、通用自动计算机和它们的大型机接替者给我们的印象那样。不是的，它们

109

1　很难准确估算用户的数量，对这些数字也存在一些争议。参见彼得·H.刘易斯，《越来越多人怀疑互联网用户的真实数目》，《纽约时报》，1994 年 8 月 10 日，星期三，第 1 版，D4 版

2　WELL 在线会议系统的历史参见克里夫·费加罗，《WELL: 互联网信息高速公路系统中的一个小镇》（1993 年 9 月）。可通过 fig@well.sf.ca.us 向作者索取。

主要是一种通信装置。这种装置不像手持电话那样笨拙，只会对电子信息进行编码和解码。它很智能，能够组织、理解、过滤和呈现大量信息。他们真正的作用是构建网络空间——一个人们进行交流和交易的新场所。

荒蛮西部 / 电子边疆

早期的网络空间犹如西部边疆一样荒凉。互联网、消费型计算装置和软件齐头并进的快速发展创造出一个令人瞠目结舌的新境界。一片过去不敢想象的广袤领地向探索者张开了怀抱。早期的电脑就像与世隔绝的山谷，由俨然是国王的程序员统治。老旧过时的电子世界疆域辽阔，连接众多小国的小路狭窄又不可靠，小国之间的联系也并不紧密。偶尔，一个软盘或者一盘磁带会从一个王国迁徙到另一个王国去，带上在那里建立殖民地的材料，也许还有一些察觉不到的病毒。但网络将越来越多、数不胜数的单独电子领地碎片连接起来，成为一个庞大并不断扩张的系统，这使事情彻底变了样，就像快速帆船和铁路改变了前工业时代的世界那样。

到 20 世纪 90 年代，数字电子和电信产业已经发展成为一部庞大的机器，不断创建着网络空间。我们发现自己正在迅速接近这样一种状态：世界上所有的计算机内存之间都建立了电子链接，并且这种链接会永远保持下去。网络空间的电子基础是按单元划分的，地理位置分散，重重复复，因此它本质上是坚不可摧的。用挖掘机切断连接或者派突击队炸掉电子装置摧毁不了它，甚至动用核武器也不行。（事实上，阿帕网最初明显就是按能经受核攻击的标准设计的。）如果网络上的大块区域被铲除，信息会在受损部分周围自动变更传输路线。如果部分内存或处理功能丧失，它马上会被替代掉。由于数字数据的备份和原件一模一样，就算原文件丢失或者受损也不要紧。大量文件和程序的备份被储存在广泛分散的地点，要确凿无疑地消灭他们就像砍掉海德拉[1]的头一样难。

然而，网络空间对于探索者来说，仍然是一片充满艰难险阻的领地，我们对它的认识才刚刚开始。1990年，米奇·卡普尔和约翰·佩里·巴洛指出："在目前条件下，网络空间还属于前沿地带，电脑接口既原始又不足、通信协议不能兼容、存在所有权壁垒、文化和法律上有模棱两可之处、有用的地图或隐喻普遍缺乏，只有少数能容忍这种现状的勇敢的技术人员在从事研究。"他们警告说："当然，人们对以物理形式体现的财产、表达、身份、动作和环境所持的旧观念，在一个可以什么都没有的世界里是行不通的。"[2]

这张巨大的网格是地平线外的新世界，它在向殖民者、牛仔、骗子和21世纪未来的征服者招手。未来的国王就在这些人当中。

111

---

1 希腊神话中的蛇妖，有九个头，其中一个若被砍掉，立刻又会生出两个来。——译注
2 米歇尔·卡普尔和约翰·佩里·巴洛，《穿越电子边疆》，华盛顿特区电子边疆基金会，1990年7月10日。

人定法 / 编程条件语句

在电子边疆，编码就是法律。管治着所有由电脑构建的微观世界——视频游戏、你的个人电脑桌面、文字处理视窗、自动柜员机或者网上聊天室——的规则是由程序内容精确、严格定义的，这些程序内容构建了你电脑屏幕上的微观世界。就像亚里士多德在《政治学》一书中思索可供选择的城邦构成方式（有柏拉图、法利亚和希波达莫斯这些理论家提出的构想，也有斯巴达、克里特和迦太基的现实模式）一样，数字世界里的居民应该用批判性的眼光密切注意他们经编程而成的政体。它公正、人道吗？它能保护我们的隐私、财产和自由吗？它会毫无必要地约束我们还是让我们随心所欲、为所欲为？

从技术层面看，这完全是一个如何编写软件条件语句的问题。软件条件语句就是明确如果某条件成立，那么某动作就可以进行的编码规则。拿从自动柜员机取钱这件我们经常做的事打个比方。机器里运行的软件有一些网守条件语句。如果你有账号，如果你输入正确的个人识别密码（储存在某处数据库里的信息和你银行卡上的磁性编码信息相匹配），那么你就可以进入虚拟银行。（否则你会被拒之门外，你的卡还有可能被没收。）然后，程序会提供一份菜单，告诉你你可以做什么——就像传统的银行大楼会向你展示一排标注清晰的出纳窗口，或者（在更大的银行里）提供一份指南，引导你到不同的营业室。如果你表示要取钱，那么它会请你明确取款金额；如果你要查看余额，那么它会打印小票告诉你；如果你要存钱，那么另外

112

一套动作程序就会启动。最后，程序会执行银行家规则：如果你的账户余额足够支付（通过查看数据库确定），那么它会实实在在发给你现金，妥善记上这笔账。

要进入由自动柜员机系统软件构建的空间，你必须先接受一场可能很丢面子的公开考试——比被态度傲慢、不讲情面的接待员轻慢更难堪。你要么被系统接纳（如果你有正确的证明），要么就在大街上被轰出来。你不能跟它理论。你不能要求它行使自由裁量权。你不能苦苦哀求它，不能花言巧语哄骗它或者贿赂它。可以商量的余地完全被正式规定的规则限死。

因此，对编码的控制就是权力。对网络空间的公民来说，电脑编码——一种用高度形式化语言写成的天书，只为少数享有特权的高人所掌握——是一种媒介，通过它，我们的意图得以执行、我们的设计得以成真。它正成为政治角逐的重要焦点。应该由谁来编写日益构建我们日常生活的软件？这个软件应该允许什么、禁止什么？它应该把谁奉为上宾、把谁拒之门外？编写者应该为软件承担什么样的责任？

面对面／接口

虚拟场所最基本的固有规则控制着你行动的时间、类型和对象。比如说，老一代电脑图形黑客们至今对第一款电脑游戏《太空大战》满怀深情、念念不忘。这款游戏用图表绘制了一

113 个外层空间战场，玩家们可以轮流移动仿真的宇宙飞船、发射导弹，彼此和和气气却又试图把对方炸成碎片。[1] 在分时操作系统里，玩家不需要共用一个控制台，可以单独操作。随着网络的兴起，出现了允许远隔千百里的玩家一起玩的遥控版《太空大战》。但游戏规则没有变。玩家在物理空间里的关系并不重要（不像双方要进行手枪决斗那样），重要的是他们在网络空间里的替身之间的关系。游戏认可的规则是虚拟场所里的编码规则，替身们就在那里相遇。

在早期的电子布告栏和商业网站上，"论坛"和"聊天室"为参与者提供了"聊天"的地方，很快吸引了大批访客。[2] 在这里，规则构建的不是一个打打杀杀的竞技场，而（多数时候）是一个没有危险、允许多人参与对话的空间。你进入的这个地方是作为一个滚动文本窗口呈现的。它有一个形象或者令人浮想联翩的名字（像吧、咖啡馆或者其他类似的公共休闲场所），你可以通过查看当前参与者名单对这个场所进行一番调查。你可以随时往上面敲几行字，发表意见。这些字出现在窗口里，跟在你自己挑的网名之后。这样，一连串的意见就会在每位参与者的电脑屏幕上滚动。这简直就是一场地理位置分散、高度程式化的鸡尾酒会，每一位参与者都为自己戴上了电子面具，而你手里握着的不是酒杯，而是鼠标。

论坛上的常客经常会在各个聊天室之间窜来窜去，直到发现一个看起来有聊头的。如果他们聊得有趣，就会商定转到一

---

1 它似乎首次出现在 1962 年麻省理工学院一台 DEC PDP-1 电脑上，是太空射击游戏的前身。随着电脑速度加快、图形制作更复杂，这类游戏正变得越来越花哨。

2 马库斯·沃茨编写的用于支持 WELL 系统内部交流的 Picospan 软件为这类虚拟场所提供了非常有影响力的早期模型。

个私人聊天室继续，最后甚至可能考虑迈出一大步——选定时间和实体地点，跟新交的朋友见上一面。[1] 因此，这些虚拟场所用一种生动的新方法发挥着传统城市的功能，为陌生人之间的巧遇创造机会。而相关的惯例则使得这些巧遇一步步向友谊和亲密发展。这些充满欢乐的小天地，有的成为了网络空间里人气最旺的休闲去处，这一点儿也不奇怪。

114

电脑网络刚刚出现的那段时期，把这种交流地点称作"场所"有点牵强，因为那时候的带宽很窄，交流大多仅限于收发文本。但模拟网络的出现改变了这种状况。[2] 1986 年，模拟网络开始上线。那时候美国国防部高级研究计划署正升格为美国国防部高级研究计划局，模拟网络由一个军工项目研发，是一个 M-1 坦克模拟器网络，此后经过不断改进，将其他种类的交通工具也囊括其中。"坦克"的观察口是一个显示屏，显示出一片仿真的三维地带，那里是一个虚拟坦克战的战场。由于这种电脑生成的图像可以通过操控装置实时更新，逼真的场景使大批分散各地的坦克队员仿佛身临其境，好像大家正集结在同一片郊野上进行演习。或许，说这片典型的电子风景——这个网络空间的伊甸园——是一个高度仿真的战场是恰如其分的。

1　"礼仪小姐"已经解答了如何把握进度的问题。她忠告人们："'礼仪小姐'不至于会说在电脑公告牌上交流是一种恰当的介绍方式，但她听说过更糟糕的。尽管如此，它不承担任何社会责任。"（《华盛顿邮报》，1993 年 8 月 18 日，星期三，B5 版）

2　模拟网络显然受到一款叫《战争地带》的游戏的启发。那是一种雅达利街机游戏，从 20 世纪 80 年代初开始出现。有关模拟网络的论述参见沃伦·卡茨，《军事网络技术在基于地点的主题公园和家庭娱乐系统中的应用》，《计算机图形》第 28 卷第 2 期（1994 年 5 月）：第 110-112 页；迈克尔·哈里斯，《娱乐驱动的合作》，《计算机图形》第 28 卷第 2 期（1994 年 5 月）：第 93-96 页；以及布鲁斯·斯特林，《战争是虚拟的地狱》，《连线》第 1 卷第 1 期（1993 年）：第 46-99 页。

在模拟网络的基础上，发展出了分布式交互仿真系统技术。20世纪90年代初，它被炒作成主题公园产业的最新产品。[1]很快你就可以排队玩《机甲战士》、《虚拟性》或者《格斗之城》这类互动游戏了。这些游戏在联网的模拟舱里进行，使你沉浸在糟糕但又相当可信的虚拟世界中。

随着带宽不断增加、运算能力不断加强，网络空间里的场所将具备越来越多的感官功能，变得越发迷人。[2]它们会在视觉、听觉和感觉上显得更加真实；它们可以使用户享受更丰富的自我表达；它们可以实时对用户动作作出复杂的回应；它们将不断改进，设计得越来越巧妙。我们将不仅仅是看着它们，还将感觉自己身在其中。[3]我们可以期待他们发展成为网络空间建筑的元素——一种新型建筑的组成部分。这种新型建筑没有形状构造，它是一种新的城市机制，不受物理空间的制约。

在现场／在网上

为什么有些地方会吸引人？通常是因为那里能为你提供

---

1 关于分布式交互仿真技术，参见卡茨的《军事网络》。

2 沃伦·罗比内特对合成体验的各个方面以及能够提供这种体验的现有技术作了考察，参见《合成体验：推荐一种新的分类法》，《现场》第1卷第2期（1992年春）：第229-247页。

3 关于虚拟场所中的感觉这一现象，在有关仿真和虚拟环境的文献中多有论述。例如，参见卡丽·希特，《在那里：对出席的主观体验》，《现场》第1卷第2期（1992年春）：第262-271页。

信息。比方说，18世纪纽约一些为商人开设的咖啡屋能为人们提供获取最新航运消息的机会，人们可以在那里结识潜在的贸易伙伴，交换其他重要的商业信息。[1] 你会根据生意需要，决定把公司设在金融区、服装区，还是SoHo区；在哈莱街、舰队街，还是在林肯因河广场；在好莱坞、硅谷，还是在底特律。你可能会被吸引到文学沙龙、街角酒吧或者剑桥大学的高桌宴会上。这不仅仅是你在哪里工作的问题，关键在于你能跟最懂行的人交流最新的行业信息。离开这些场合，你照旧可以干同样的工作，追逐同样的利益，但你会感觉自己被孤立了，远离了信息中心。

在网络空间里，列表服务器很快发展起来，承担了一部分同样的职能。这种服务器是用来给指定地址列表上的所有"用户"发电子邮件的程序。它就像一个电子海德公园演讲角，任何人都可以在那里站上高处向聚集的人群发表演讲。列表可以集中一些正式的群体，像一个行业的雇员或者一个班的学生，也可以通过自选程序组建一些非正式群体。和物理空间里的聚集一样，列表有些是公开的，有些是秘密的，有些向所有人开放，有些则严格为某些人专享。

电子"新闻组"也在快速地发展。新闻组软件能让参与者"张贴"文本信息（偶尔也有其他类型的文件），就像把打印好的通知钉在真的布告栏里一样。这些通知——查询、请求、回复、新闻条目、公告、提示、警告、八卦、玩笑，不管是什么——会一直保留在那里直到被删除，任何进来的人都能看到。那里

116

---

1 纽约的通信优势及其在商业中日渐发挥的支配作用参见埃里克·H.门克宁，《美国变成了都市：1780—1880年间美国城镇的发展》（伯克利：加利福尼亚州大学出版社，1988年）

通常会有个群主——掌管着一条网上弗勒里街的电子斯塔尔夫人或者仿真格特鲁德·斯泰因[1]——设定话题，插科打诨维持要冷场的话题，并且时不时把不守规矩或者犯了众怒的参与者踢出去。[2]到了20世纪90年代，这样的场所成千上万、数不胜数，向人们展示着各种各样想得到想不到的妙趣。如果你想和自己从事的领域保持接触、跟上潮流，能方便地进入对头的新闻组显得越来越重要。至于你在哪里办公就无关紧要了。

当有不时之需时，新闻组几乎能够在瞬间临时设立。1994年1月洛杉矶地震后几个小时，出现了一个叫作 alt.current-events.la.quake 的新闻组网络系统。远在威尔夏大道上的碎石瓦砾被清理干净、电话服务恢复畅通之前，这个系统就为人们提供了一个报告损害情况、打听亲友消息的地方。如果你想知道最新进展，这里是最好不过的地方。

由网络撮合的虚拟社群往往基于相同的爱好，而不是基于相同的位置。尤尼斯系统黑客、Amiga 电脑发烧友、《星际迷航》迷还有"感恩而死"乐队迷，这些人散布得到处都是。但相反情况也是真实存在的。当网络和服务器被一个镇的居民或者一所大学的学生、职员和教师用来交流信息、处理社区问题，它便起到了维系传统的、有着明确地址的社区的作用。比方说，圣莫尼卡市率先推出的公共电子网只对该市居民、在该市工作

117

1　斯塔尔夫人是法国著名的评论家和小说家，能说会道，热衷于社会活动。格特鲁德是一名旅居法国的美国女作家。弗勒里街为巴黎一条街道，为当时巴黎社交生活的一个中心，斯塔尔夫人经常在那里举办沙龙。——译注

2　但是，如果斯泰因小姐曾经和新闻组打过交道，她很可能会认为："议论不算文学。"

的人以及设在城市边界的 35 个公共接入终端开放。[1]而雅典娜教育网则被装在剑桥市的麻省理工学院校园里，为学院社区服务。

街道网 / 万维网

从乌尔[2]时代起，城市里的场所就由各种各样的活动渠道连接起来：门道和走廊连接建筑内部的房间；街道网连接建筑；公路和铁路网连接远隔千里的城市。这些熟悉的物理连接形式为我们提供了进入某些场所的入口，我们在那些场所里生活、工作、祷告和娱乐。

现在，我们有了一个强大的选择。从 1994 年冬天起，我桌面上那台性能一般的电脑装了一个叫马赛克的软件，非常棒。我正在用这台电脑写下这段内容。[3]（现在马赛克正在另

1　帕罗奥图市也很快创设了一种在线信息服务，但方式大为不同：它在互联网上设立了一个万维网服务器。你可以通过马赛克导航系统或者 Lynx 浏览器进入它的网址 http://www.city.palo-alto.ca.us，也可以发电子邮件到 wwwadmin@city.palo-alto.ca.us 获取信息。上面提供的服务有市政府电话簿、市议会议程和会议日程等。

2　古代美索不达亚南部苏美尔的重要城市。——译注

3　关于国家超级计算机应用中心（NCSA）马赛克程序的开发、推介及取得的初步成功，参见约翰·马可夫，《免费又简单的电脑连接》，《纽约时报》，1993 年 12 月 8 日，星期三，D1 版，D5 版。马赛克程序本质上是一个图形界面，可从那里点击进入万维网。万维网是一个国际性的数据库服务器系统，能接受远程请求从互联网上的任何一台电脑调取信息。万维网最初由欧洲核子研究中心的蒂姆·伯纳斯·李于 20 世纪 80 年代末创建于日内瓦。马赛克程序由位于伊利诺伊大学厄巴纳—香槟分校的国家超级计算机应用中心研发。到 1994 年初，每月从 NCSA 公共服务器上下载的马赛克程序副本超过 50000 份。

一个窗口打开。）马赛克是一种"客户"程序，能为用户访问遍布整个互联网的万维网服务器打开方便之门。服务器会显示信息"页面"，形式可能是文本、图形、视频或者声音。这些页面通常会有"超链接"，指向万维网上其他地方的相关页面，我可以通过点击这些鲜明显示的文本或者图像，在页面之间跳来跳去。

任何一个万维网服务器的"主页"都在向我发出邀请，让像爱丽丝走进镜子那样，踏入一个宽广的网上信息跳蚤市场—— 一个现在由数以百万计、数都数不清的相互连接的页面组成的网络空间地带。令人吃惊的是，呈现在我电脑屏幕上的一个万维网页面可能出自互联网上任何地方的一台电脑。事实上，当我浏览不同页面的时候，我正在登录散布世界各地的电脑。但当我在看的时候，我几乎瞬间就从一个虚拟场所跳到了另一个虚拟场所。这种跳转是遵循程序员设置的超链接完成的，就像我在伦敦坐地铁沿轨道穿行，从一个站到达另一个站。如果把这些连接画成图表，我就有了一张网络空间的地铁地图。

邻里／多用户虚拟空间游戏

玩多用户虚拟空间游戏（MUD）也是一个好去处。从 20世纪 80 年代初开始，一种叫作多用户虚拟空间游戏的游戏软件非常火爆，人们在那上面花掉的登录时间多得没法算。[1] 这种软件能为在线互动的角色扮演游戏提供场景，这些场景往往非常宏大、具体，常常能吸引遍布整个互联网的众多参与者，成为网络空间里的城市邻里。

MUD 社区最有趣的地方，是它突显个人身份和自我形象的方法引人注目。作为新人向老手讨教时，你要做的第一件事就是选个名字再写一句描述，好让和你不期而遇的人看见，通过这样构建起自己的网上形象。[2] 这就像梳妆打扮去参加一个假面舞会，让你无法抗拒的是，你可以随心所欲地试着换挡、滑翔、颠倒社会角色和性别，甚至试穿上荒诞不经的伪装服。你可以体会到变成一个完全陌生的人的真实感受。

一旦你在 MUD 游戏中确立了自己的角色，你就可以进入一个虚拟场所，那里还有其他角色和物件。那个地方有出口——超链接把它跟其他同样的场所连接了起来，而其他这些场所也有自己的出口。一些玩家经常光顾的游戏地盘大到几乎不可思议，你可以在几千个相隔遥远、各具特色的场景中漫游，就像波德莱尔漫步在 19 世纪纷乱嘈杂的巴黎街头。你可以对遇到的场景和物件进行一番考察，并跟你碰上的人交流。

119

1　第一个 MUD 游戏由埃塞克斯大学的罗伊·杜伯萧和理查德·巴特尔根据幻想桌面游戏《龙与地下城》编写，MUD 的名字由此而来。这样那样的多用户类型游戏有很多神秘变体——TinyMUDs、MUSEs、MUSHs、MUCKs、MOOs，等等。它们之间的区别对此处我们要说明的问题无关紧要。关于 MUD 游戏的体验，参见大卫·本纳汉姆，《带我飞到 MOO 上去》，《通用语》第 4 卷第 4 期（1994 年 5 月 /6 月号）：第 1、22-37 页。

2　当然，这跟一个古老的文学问题密切相关，那就是人物出场之前要先说话。"叫我以实玛利"（译按：19 世纪美国作家赫尔曼·梅尔维尔的小说《白鲸》开头第一句话）也许可以用作 MUD 交流的开场白。因此，韦恩·布斯的经典之作《小说修辞学》（芝加哥：芝加哥大学出版社，第 2 版，1983 年）为 MUD 游戏作了很好的理论介绍。

　　但你很快就会发现，MUD 游戏最有趣、最刺激的是它的构造——经编程而成的内部规则。这些规则明确了可以进行什么样的互动，并塑造着由此而产生的文化。这些游戏很多都以广为人知的虚幻电影故事为基础，像《星际迷航》、弗兰克·赫伯特的《沙丘》、C. S. 刘易斯的《纳尼亚传奇》、日本动画电视系列剧《极速赛车》，甚至还有更多不知是否来源于文学想象的产品。这些是被圈在一起的社区，跟很多传统社会一样，把它们圈起来的是它们共同的神话。有些游戏被设计成打打杀杀的搏斗，里面的坏人会"杀死"你的角色。这里自然而然就成为了残酷的、适者生存的地方。在这些地方，你必须争强好胜，时刻保持警惕。其他一些游戏，像很多小型游戏，强调建设性的社交互动，人人平等，没有暴力。那里有玩家邻里和苹果派，和乐融融。有些游戏则像高大上的学术礼堂，为严肃讨论各种科技话题提供场地。麻省理工学院研发的游戏《网络城市》鼓励年轻的黑客——有创造力的游戏玩家编写缪斯（MUSE）密码，为游戏增加新场景，创造新角色和新事物。还有一些游戏里的玩家疯狂失控，他们会引诱你的角色玩《小性爱》——一款单手操作的键盘游戏，跟色情电话是一回事。

　　早期的 MUD 游戏——像《魔域帝国》这样的文字冒险游戏——完全靠输入角色、物件、场景和动作的描述。（詹姆斯·乔伊斯肯定会对此印象深刻：城市就是文字，文字就是城市。每一段旅程都在构建一个故事。）但更大的带宽、更快的电脑和更奇幻的编程可以将其转换成图形和空间格式。[1] 比如

1　程序员们都知道，MUD 游戏里面很自然地运用了面向对象的编程技术，MUD 概念
　　的发展和面向对象的编程技术的发展密不可分。

说卢卡斯影业公司推出的《栖息地》游戏就是早期图形游戏的一个例子。它最初出现在北美的 Q-Link 加勒比俱乐部网（美 120 国在线服务公司的前身）和 Commodore 64 型电脑上，后来扩展成一个殖民地，叫 Populopolis，凭着良好的声誉在日本的 NIFtyServe 网站上吸引了比原来多得多的付费顾客。[1]

作为《栖息地》的一名公民，你可以在一份有身体各个部分供选择的菜单上选择肢体式样和性别，定制你的角色，这种角色叫作你的"阿凡达"[2]。（选择余地不大，因为《栖息地》的市场定位是一款供家庭娱乐的游戏，比较保守。）玩家之间通过样子滑稽的条形对话框交谈，一个区域——这样的区域在《栖息地》里有很多，最多的时候有 20000 个——是这样一个场所，你的角色可以在里面走动。它有门和通道，通往别的区域。里面有用的东西多得很：可提取现金的自动柜员机、装东西用的袋子和盒子、供人阅读的书报、武器、手电筒和垃圾桶。你可以走动、坐电梯，或者用心灵运输术到其他区域去探索一番。你可以和别人聊天、买卖商品，甚至跟别人调换躯体。如果你对自己的角色感到厌烦，还可以重新组装，给它吃药，或者把它带到一台能帮它自动改变性别的机器那里去。

《栖息地》的发明者很快发现，他们的工作变成了为网络空间彻底改造建筑和城市设计。他们评论说：

1　奇普·莫宁斯塔和 F. 兰德尔·法默，《卢卡斯影业〈栖息地〉的教训》，载迈克尔·贝内迪克特编辑的《网络空间：第一步》（马萨诸塞，剑桥：麻省理工学院出版社，1991 年），第 273-302 页。关于 Populopolis，参见霍华德·莱茵戈德，《栖息地：以计算机为媒介的游戏》，载《虚拟社区》（马萨诸塞，雷丁：艾迪生·维斯理出版公司，1993 年），第 188-196 页。

2　在印度神话中，阿凡达是一个降临凡间化为人形的天神。这个词来自梵语的"下凡"。（译按：Avatar，意为"替身"。）

有 20000 阿凡达就要有 20000 间"房子"来组成城镇和城市，城里要有交通干道，要有购物和休闲区。城镇之间需要有郊野，这样大家就不必挤在同一个地方。最重要的是，我们要让这 20000 人有事可做。他们需要有趣的、可供游玩的地方。因为不能所有人都在同一时间到同一个地方去，所以他们需要很多有趣的、可供游玩的地方，这些地方还要有娱乐项目。房屋、城镇、道路、商店、森林、剧院、竞技场等地方，每一处都是一个有鲜明特征的实体，需要有人去设计和创造。[1]

只是带宽和处理能力的限制妨碍了我们向下一步迈进——创造出更先进的万维网、更神奇的 MUD 游戏和其他可供多人使用的、具有城市规模的建筑群，这些建筑群由超链接三维感官沉浸式空间构成。这些限制只是暂时的。未来的网上环境将越来越类似于传统的城市——在其独特场所的多样性方面，在连接这些场所的"街道网"和"交通网"的长度和复杂度方面，在其调动我们感官的能力方面，在其社会和文化丰富度方面。

但是，不管一个虚拟环境有多宽广，也不管它以什么方式呈现，它都有一个基本的场所架构，你会在这些场所遇到各种各样的人，发现各种各样的事物以及连接这些场所的链路。其他所有的一切都是从这个组织架构中发展起来的。在网络空间里，超级规划是各种新事物的发动机。

1　莫宁斯塔和法默，《卢卡斯影业〈栖息地〉的教训》，第 286-287 页。

围场 / 加密

在城里你不能想上哪里就上哪里，在网络空间里也一样。不管是城市还是网络空间，障碍和入口都扮演着重要角色。

在城市建筑中，将空间包围起来的表面——墙壁、地板、天花板和屋顶——提供的不仅是庇护，还有隐私。这些表面上的开口——大门、房门和窗户——组成了控制进入和保护隐私的机制。你可以把门锁上或者打开，你可以把窗帘拉下或者拉上。人们悉心采用空间分割和进入控制装置，把场所从完全公开到绝对隐私依次组织起来。有时候要想进入更私密的场所，你必须先告诉保安你的身份证号码，要脱鞋、交门票、穿戴得让守门人看着顺眼还得给他点好处，要接受检查、对着麦克风说话、按门铃等开门，还要向接待人员露个笑脸、安抚一下看门狗，或者做些其他例行公事的事。传统和法律承认这些层级秩序，通常也不赞成擅闯者、入侵者和偷窥狂非法越界。

不同的社会有不同的公私领域（以及与之相适宜的活动）的区分方式，这些区分反映在城市形态上。刘易斯·芒福德认为，在 17 世纪以前的西方社会，家庭隐私是"富人的奢侈"。[1]有钱人就是做事不用在大街上做的人，他们不怕惊了马，所以能做很多自己想做的事。当隐私权逐渐普及到一般阶层的人，现代的"私人住宅"出现了。它逐渐得到宪法和公共政策的严

122

1　刘易斯·芒福德，《城市发展史》（纽约：哈考特·布雷斯与世界出版社，1961 年），第 384 页。

格保护，最终成为郊区组织的细胞单元。[1] 在现代的西方住宅里——和它古代以及中世纪的老祖宗相比——有一个阶梯式的渐进安排：先是相对属于公共区域的走廊、入门厅、起居室和客厅，然后到更隐私、封闭的卧室和浴室。在卧室和浴室里，你可以锁上门、拉下窗帘，把自己和外部世界隔离开。

网络空间不会下雨，所以建筑不需要考虑遮风挡雨的问题，但如何保护隐私是理所当然要考虑的。因此，虚拟城市的建造技术——和那些用砖石砂浆建成的城市一样——必须能够建造边界、设立进入控制，还必须允许网络空间建筑师和城市设计师按照从公众到隐私的层级秩序来组织虚拟场所。

幸运的是，其中一些必要的技术是存在的。最明显的例子是，在网络空间建筑中，大致相当于一扇上锁的大门或者房门的是一套认证系统。[2] 它要求进入某一场所的人提供身份证明和密码，从而控制着虚拟场所的入口（比如说你的电子邮件收件箱）。如果输入的密码正确，你就能进去。[3] 当然也有麻烦，密码就像钥匙，会被偷走或者复制。有时候它还会被别人猜中、通过系统列举被碰对，或者被掌握所有密码信息的系统管理员

123

1　一种后果是，你可能会因为侵犯隐私被起诉。根据美国侵权法，如果一个人蓄意侵犯另一个人的隐私，而这种侵犯行为令一个理性的人难以容忍，那么蓄意侵犯者就要承担法律责任。关于隐私权的大意，参见艾伦·F. 韦斯廷，《隐私与自由》（纽约：图书馆出版社，1967 年）。

2　最早的电脑是不需要认证系统的，今天在个人电脑上也不常用，因为人们可以用物理方式控制接入机器。但对于有很多潜在用户的机器来说，它是必要的。因此，随着基于主机的多用户分时系统在 20 世纪 60 年代日渐流行，它首次获得了广泛应用。该理念还被应用于电脑网络，在一台机器上登录的用户可以远程登录另一台机器。

3　但是你也不能认为被密码保护的地方就一定是私密的。1993 年伯克诉日产汽车公司一案曾被广泛报道。日产公司偷看了一些员工用密码保护的电子邮件，然后将他们开除了，员工控告公司侵犯隐私和作出错误决定。但加利福尼亚州法庭作出了不利于员工的裁决，裁定设置密码并不构成对隐私的期许。

用某种方法强行夺走。因此，密码保护——像给门装上锁——虽然不鼓励非法进入，却挡不住志在必得的盗窃高手。

就像你把真正要保护好的值钱东西放进牢固的保险库或者地下室，你可以通过加密，围绕数字信息修建最坚固的围场——用复杂的方式把它打乱，只有那些掌握正确的数字密匙的人才能解码。这种戏法不光是为了制造一个难以破解的密码，还为了加强对密匙的管理，使之不落入坏人之手。要实现这个目的，有一条广为人知的妙计——采用一种叫作 RSA 加密公匙的加密技术。这套系统的功能源自大素数的基本性质，每一个使用者同时拥有一把加密"私匙"和一把可以自由散布的加密"公匙"。如果你想安全发送一条信息，就要拿到收信人的公匙，用它来对信息进行加密。然后，收信人用他的私匙对信息进行解码。

警察和冷战分子预计自己会在网络空间那些坚不可摧的堡垒面前一败涂地，迫于他们的压力，美国联邦政府开始固执地限制强大的加密软件的应用。但 1991 年 6 月，民间黑客英雄菲利普·齐默尔曼泄露了基于 RSA 公匙的加密程序"完美隐私"，从而一举成名。到 1994 年 5 月，已经有超过四百万用户被授权使用该程序的商业版本。麻省理工发布了一个免费的非商业版本，任何人都可以通过合法途径在互联网上下载。[1]从那一刻起，你就可以安全地在网络空间里围起一块私人地盘了。

与此同时，克林顿政府正在推进它的加密芯片计划。加密

124

---

1 威廉·M. 巴尔克利，《密码探究》，《华尔街日报》，1994 年 4 月 28 日，星期四，A1 版、A8 版。

芯片装置的功能跟 RSA 加密公匙差不多，但它还可以为执法人员窃听和解码文件提供一个内置"活板门"。[1]效果非常像在美国联邦调查局总部的保险箱里留下一串你家前门的备用钥匙。对此，公众舆论的意见分歧不出所料。电子边界基金会一位发言人说："政府掌握着我们所有的开锁钥匙，不管我们是否受到了犯罪指控，这无法向公众交代。"[2]但一名美国联邦调查局特工在接受《纽约时报》采访时反对说："假设这样，有人劫持了你的小孩，躲在布朗克斯[3]一个碉堡里。现在我们有正当理由进去，因为你的小孩就在里面。我们还有搜查令。但由于某些原因，我们进不去。这座碉堡是用某种新型金属或者别的什么东西做的，好吧？什么工具都切不开，好吧？那帮匪徒还在里面嘲笑我们。这就是事情的根本所在——现在我们处于这样一种境地，技术已经变得相当高级复杂，整个社会的法律观念非常淡薄，形势极其危险……如果我们不想看到这种情况，我们只能指望加密芯片计划。[4]

因此，我们可以用技术手段在网络空间创造私人场所，但创造这些场所的权力归谁所有仍然是个争论激烈的问题。你能确保你的比特数据始终归你所有吗？你的个人主页能够成为你

---

1 彼得·H.刘易斯，《关于隐私与安全：加密芯片之争》，《纽约时报》，1994 年 4 月 24 日，星期日，F5 版。

2 出自杰瑞·伯曼，史蒂芬·利维引自《加密芯片之战》，《纽约时报杂志》，1994 年 6 月 12 日，星期日，第 44-51、60、70 页。1994 年 6 月，美国计算机协会公共政策委员会发布一份专家小组报告，题为"密码、钥匙与冲突：美国密码政策中存在的问题"，该报告强烈反对加密芯片计划，并敦促克林顿政府撤销计划。

3 纽约最北端的一个区。——译注

4 出自吉姆·卡尔斯特罗姆，利维引自《加密芯片之战》。

的城堡吗？[1] 这些问题还有待讨论。

公共空间 / 公共通道

　　一旦公共空间和私人空间被区分开来，他们便开始在城市生活中扮演互补性的角色，两者都为一个组织良好的城市所需。[2] 网络空间也一样。最起码，这意味着我们即将迎来的电子栖息地要预留一部分公用空间——就像传统上城市规划师为公共广场、公园和城市机构划定区域。20 世纪 90 年代，网络空间的重要性越来越明显，公众开始向政府施压要求保留公共空间，呼声越来越高。比如 1994 年，夏威夷州参议员丹尼尔·井上向美国参议院提交一份议案，要求政府将所有新增电信容量的 20% 免费用于公共事业（非商业、教育性质的非正式服务行业和公共对话），并为其提供资金。[3]

　　然而城市的公共空间并不仅仅是指非私有的空间——那些大家都圈好自己的私人领地后剩下的地方。正如凯文·林奇曾经指出的那样，一处空间要真正成为公共场所，必须足够

125

1　迈克尔·特雷纳《计算机电子邮件隐私问题悬而未决》一文对一些法律问题，尤其是与电子邮件隐私和对雇员实施电子监视有关的问题进行了归纳，对读者有所裨益，见《国家法律杂志》，1994 年 1 月 31 日，星期一，第 52-54 页。

2　欲了解对建筑和城市设计中公共和隐私问题的经典论述，参见赛吉·切尔马耶夫和克里斯托弗·亚历山大，《社区与隐私》（纽约：双日出版社，1963 年）。

3　参议院第 S.2195 号法案。井上时任参议院商业、运输与科学委员会通信分会主席。

开放、方便进出，乐于为社区成员服务。[1] 它还必须允许用户
有相当的集会和行动自由。随着时间的推移，还要对它的使用
和改造施加某种公共控制。网络空间也一样。网络世界里那些
公共、半公共和伪公共场所的缔造者和维护者——就像城市广
场、公园、办公楼大堂、购物广场中庭和迪士尼乐园主街的建
造者——必须考虑谁可以进去、谁要被拒之门外，在里面什么
事情可以做、什么事情不可以做，要执行谁订立的准则，由谁
来行使控制权。这些问题就像是对隐私和加密问题的补充，成
为关键性政策辩论的焦点。

像美国在线服务公司和 CompuServe 公司这些互联网和商
业在线服务机构，到目前为止，充其量只能算半公共网络空间，
因为虽然很多用户可以进去，但仍然不够普及。要上这些网，
你必须加入一个用户组织，或者付费。这使人不禁要问：应该
如何建设真正的公共网络空间，使之可以媲美譬如威尼斯圣马
可广场[2]。20 世纪 80 到 90 年代出现的社区网络——例如圣莫
尼卡公共电子网、布莱克斯堡电子村、特鲁莱德信息地带网、
智能谷网、剑桥市民网——试图将网络接口向全社会公开，就
像传统的市政厅和社区公园那样，以此寻求答案。[3]

这些社区网络中有很多是所谓的自由网，这些网明显是在

---

1 凯文·林奇，《城市形态》（马萨诸塞，剑桥：麻省理工学院出版社，1981 年）。
 另见史蒂芬·卡尔、马克·弗朗西斯、丽安娜·G. 里夫林和安德鲁·M. 史东，《公
 共空间里的权利》，载《公共空间》（剑桥：剑桥大学出版社，1992 年），第 137-
 186 页。

2 威尼斯最著名的城市广场，一直是威尼斯的政治、宗教和传统节日的公共活动中
 心。——译注

3 20 世纪 70 年代初的伯克利社区记忆系统是该理念的一个早期试验。社区网络建设
 最初尝试的概述和讨论参见道格·舒勒，《社区网络：建设一种新的参与式媒体》，
 《ACM 通讯》第 37 卷第 1 期（1994 年 1 月）：第 39-51 页。

用一个"城市"作为隐喻来构建信息通道：你走到相应的"大楼"寻求需要的信息或服务。然后，克里夫兰自由网（最大最老的自由网之一，拥有超过 35000 个注册用户，日访问量超过 10000 次）的"欢迎"界面便会出现以下常用目录：

1. 行政大楼
2. 邮局
3. 公共广场
4. 法院及政府中心
5. 艺术大楼
6. 科技中心
7. 医学艺术大楼
8. 校舍（第一学院）
9. 社区中心与康体区
10. 商业与工业园
11. 图书馆
12. 大学区
13. 信息港
14. 通信中心
15. 国家公用远程通信网 /《今日美国》头条新闻

那么，在自由网模式里，新型的虚拟城市变成了当下实体城市的一种电子影子。在很多情况下（尽管不是全部），市民可以选择到一幢真实的公共大楼去，或者到相应的一幢虚拟大楼去。

在那里 / 接通那里

　　自由网把虚拟场所叠印到实体场所中去，虽然这合情合理，但在逻辑和技术上却不是必需的。事实上，21 世纪的城市设计师要问的最有趣的问题之一就是："应该怎样把实体公共空间和虚拟公共空间联系起来？"

　　想想最显而易见的选择。如果人们只能用家里或者公司里的电脑进入电子公共空间，那么两者之间就彻底没有关系了。另一种可能性是将接入口和市政建筑连接起来，比如在市政厅大堂或者公共图书馆里设置一个电子信息亭。伯克利社区存储系统和圣莫尼卡公共电子网向人们展示了更大胆的策略，它们把结实耐用的工作站安装在自助洗衣店和无家可归者集中安置点这些地方，从而使这些工作站发挥一个公共场所的作用，就像罗马那些传统的公共喷泉广场。艺术家克尔基斯多夫·沃蒂兹科走得更远，他建议无家可归者和失业人员随身携带电子"异形参谋"——一种个人装置，能把他们连接到网络空间，有时候还能为他们构建自己的公众形象，告诉别人他们是谁、来自何方。这些装置是一种公共的而不是个人的数字助手。

　　由于物理距离在网络空间里毫无意义，还存在着这样一种可能性：通过创设为幅员广阔、人口稀少的地区服务的公共空间，把零散的农村社区"压缩"在一起。从 1988 年开始营运的蒙大拿州大天空电信网率先把这种可能性成功付诸现实。[1] 它把整个州只有一两间教室的农村学校连接起来，专注于为这

1　弗兰克·奥达茨，《大天空电信网》，《全球评论》（1991 年夏），第 32-35 页。

些学校提供教育、经济机会和经济自足等方面的服务。在一些
经济落后的社区，传统类型的公共设施匮乏，开发公共电子空
间有可能成为地方发展的一个重要议题。社区和它们的规划者
必须考虑这样一种权衡：是把稀缺资源用于建造或者升级公园
和社区大楼，还是把钱用来建设行之有效的电子网络。

　　不管用什么方法将网络容量应用于公共目的，仅仅用电脑
提供获取市政信息、参与市政对话的某种电子通道不足以创建
一个成功的公共网络空间。为了有效发挥作用，公园和广场必
须建设得赏心悦目，让各种各样的人感到自己是受欢迎的。网
络空间里的公共区域界面也一样。对大多数人来说，一个需要
用加密命令和高深的电脑技术知识来操作的电脑界面是一道障
碍，这道障碍就像公园里一位坐轮椅的人面前的一段台阶。它
还要让人感到安全、舒适——免于遭受敌视、虐待或者袭击。
还有更微妙但同样重要的一点——装进界面的文化设定和暗示
不能挫伤潜在的用户的积极性。[1] 想象一下像纽约中央公园这样
重要的实体公共空间，这些因素会在多大程度上决定它的成败。
这些问题网络公共空间的设计师也同样需要考虑。

社区习俗／网络规范

　　如果存在公共网络空间，我们能怎么使用，又该怎么使

1　这些问题当中有一些是非常基本的。比如，如果你想创建一个成功的网上公共空间
　为一个多种族社区服务，你就不能只用英语来作提示、发指令。

用？管治实体公共空间的习俗和法律在这种新的环境下行得通吗？

随着互联网和商业在线服务使用率的增长，各种纠纷也频频发生，试探着电子公共空间里可接受行为的限度，并且提出了这样一个问题：应该如何合理适度地去实施限制。例如1994 年 4 月，凤凰城一帮厚颜无耻的律师把一则宣传他们公司业务的商业广告滥发到互联网几千个新闻组里。[1] 这种令人讨厌的信息轰炸就像一辆响着喇叭的大卡车开进了公园。整个互联网社区对此事表现出极大的愤慨和鄙视，网友发回成千上万的投诉信息表示谴责。一名不知悔改的始作俑者宣称他有权作个讨厌鬼，并威胁要再干一次。最后，顺应一部分人要求实行审查制度的呼声，挪威一位年轻的程序员写了一个非常管用的"删除蝇"软件，并把它放上了网。不管那些讨厌的广告在哪里冒头，这个软件都能把它们揪出来并自动删除掉。[2]

几乎与此同时，还发生了一件广为流传的事。麻省理工学院一名研究生被美国联邦调查局突击搜查，原因是在他管理的一个互联网电子布告栏上，非法活动十分猖獗——就像查处一家进行毒品交易的酒吧。一些商业软件的复制件被放在上面，全世界的人都可以登录上去免费下载。在这样一个人人都能进去的开放性空间，管理者要对里面发生的事情负起知晓和控制的责任吗？或者，他能否理直气壮地宣称，这跟他一点关系都

---

1 彼得·H. 刘易斯，《亚利桑那州的律师成立互联网广告公司》，《纽约时报》，1994 年 5 月 7 日，星期六，第 51 页。关于互联网广告问题，参见劳伦斯·M. 费希尔，《奥美公司经理谈如何制作高品位的互联网广告》，《纽约时报》，1994 年 8 月 3 日，星期三，D16 版。

2 彼得·H. 刘易斯，《审查制度成为网络空间前线一支力量》，《纽约时报》，1994 年 6 月 29 日，星期三，第 1 版，D5 版。

没有？

如同购物广场和迪士尼乐园的所有人，商业在线服务公司的经营者也必须在他们创建的半公共场所天生的矛盾属性面前左右为难。一方面，这些场所需要很多付费顾客来维持经营，因此它们必须尽可能让人觉得热情、开放、包罗万有；但另一方面，经营者又想牢牢掌控里面发生的一切。（问题往往在于，我们是应该把这些服务机构视为一般运营商，像电话公司那样，因而它们不用对自身携带的诽谤、淫秽或者犯罪信息承担任何责任；还是应该把它们控制起来，让它们负起责任，像书报出版商和电视台那样。）比如我最近一次上奇才网，看见管理员贴出了以下这则告示（有点像以前火车站里张贴的"请勿随地吐痰"标牌）："谨记奇才网为所有年龄、所有文化背景的人服务。禁止发布任何使用淫秽、亵渎或者带有明显性意味（包括对性行为的描述，无论是否打上'X'[1]或类似标志作掩饰）语言的信息。一个检验信息中的语言是否恰当的好办法是，看它是否适合在公开大会上使用。"

奇才网显然是把家庭观众作为目标用户，因此它矢志不渝地推行美国中产阶级的道德规范。[2]CompuServe 网和 Genie 网作为奇才网的竞争对手，虽然有着不同的目标用户，但它们的管理者都小心翼翼地把他们认为是淫秽或者非法的信息删除掉。美国在线服务网关闭了一些女权主义者的论坛，按照网站发言人的说法，小孩子看到论坛标题上"女孩"这个词，"可

130

---

1 在美国电影分级制度中，X 级别的影片属限制级别，不适宜在大院线公映。——译注
2 奇才网对自己的"公开"论坛时而严加控制，时而放任自流，人们对此有过很多争论。安妮·韦尔斯·布兰斯科姆有过生动的描述，见《质疑奇才公司的法律适用》，载《谁拥有信息？从隐私权到公众使用权》（纽约：巴西克出版社，1994 年），第 98-103 页。

能会进去找有关芭比娃娃的信息"。[1] 也许我们应该原谅那些因为使用非黄金时段语言而被逐出网站的女权主义者，忘掉那些标有"X"标志的内容。虽然这些地方已经发挥了作用，但我们不能误认为那里是一个真实的、对所有人开放的、凡事得自己当心的地方，人们可以在上面毫无顾忌地公开发表言论。

一些机构甚至限制得更严格。我女儿所在的中学把学校的公共网络空间当成了操场，老师在那里整顿纪律。学生一拿到电子邮箱地址就要签一份合同，禁止"带有明显性意味"的言论。一旦出现这种不可避免的言论，有学生投诉收到淫秽信息，学校就暂时关闭电子邮件系统，以示惩罚。

但总会有像伯克利那样的地方。伯克利社区记忆系统是一项激进的政治发明——把自由言论运动[2]和人民公园搬进了网络空间。[3] 系统里所有的信息都来自社区，可以匿名发帖，没有中心权威监控帖子内容。募集资金的方式也是去中心化的：有供免费阅读网帖的硬币操作终端，但发表一条帖子要付25美分，组建一个新论坛要付1美元。

131

诺利与网络

迄今为止，关于虚拟社区的故事就是一部用快进方式重播

1　彼得·H. 刘易斯，《审查制度成为网络空间前线一支力量》。

2　1964年9—11月发生在加州大学伯克利分校的一场以学生为主体的激进改革运动。——译注

3　有关论述参见史蒂芬·利维，《黑客：计算机革命的英雄》（纽约：戴尔出版社，1984年）；舒勒，《社区网络：建设一种新的参与式媒体》。

的城市发展史——只不过是用电脑资源代替了土地利用,用网络导航系统取代了街道和交通系统。WELL 在线会议系统、万维网、MUD 游戏和自由网——像希波达莫斯为米利都城设计的网格化规划图、欧斯曼男爵为巴黎设计的大胆的放射状模式还有丹尼尔·伯纳姆为芝加哥设计的宏伟蓝图一样——都是为满足居民需求而建造的大型场所和通道。

比较并没有到此为止。传统城市是不断演变的,同样,网络空间里人们的隐私权、出入公共半公共场合的权利、可以在哪里做什么的权利、进行控制的权利等方面的习俗、规范和法律也在不断发展。建筑物内部空间按照从公共到隐私的等级秩序进行安排,用大门和房门控制越界,就体现了这一点。诺利画的那张著名的罗马地图对此作了生动的说明。如今,随着网络空间城市的兴起,一个包含区分与期望的类似框架——虽然饱受争议——正在形成,电子广场、论坛、大厅、墙壁、门、锁、会员俱乐部和私人聊天室正被一一建成并投入使用。也许未来某个电子制图师能绘制一幅精妙的网络诺利地图。

图 17　电子交易：克尔基斯多夫·沃蒂兹科发明的"外星工作人员"和"代言人"。

6

比特业

跟着钱走！要明白一个社区——实体的或者虚拟的——
如何成长和生存，看看它的经济基础。

你会明白，是车轮、犁头和灌溉渠的发明使古代城市在两
河流域、尼罗河流域、印度河流域和黄河流域兴起成为可能。
这些城市出现在土地肥沃的农业腹地中央，忙着积存和交换剩
余的农产品。当面临蛮族入侵的威胁时，像罗马和君士坦丁堡
这样的城市就会变成守备森严的堡垒，有大量军事人口参与保
卫市民和城市机构。随着海上贸易的发展，威尼斯、比萨和热
那亚因其得天独厚的地理位置成为繁华的商业中心。19 世纪，
蒸汽机被发明，钢铁制造业兴起，像曼彻斯特和匹兹堡这样
的工业城市如雨后春笋般涌现。而在网络空间的软城市里，
经济发展的动力是比特业——数字信息的生产、转换、发行
和消费。[1]

---

1 对比特业的介绍，参见罗伯特·勒基，《硅之梦：信息、人与机器》（纽约：圣马
丁出版社，1989 年）。

经济学 101 / 0 和 1 的经济学[1]

　　柯林·克拉克对经济行业的划分已经被写进教科书，这种划分启示我们首先要在比特业的基础层面找出一种初级生产水平。确实，如今人们正通过键盘、麦克风、摄像机、监测卫星、销售点终端和桌面上的文件扫描仪源源不断地获取世界上的有用信息，然后把它们存进数据库，就像把麦子收进粮仓。对信息进行萃取和精炼的有无数小公司，也有一些大企业，像那些把大型图书馆和图像集转换成数字形式并放上网的企业。

　　在克拉克模式中与第二产业水平相对应的生产是，原始比特数据被转换成信息产品并向消费者发行。在这个环节，软件起决定性作用。它在信息经济中的角色跟工业机器和生产厂家在工业经济中的角色非常相似。（也许有一天，某些敢于创造的城市历史学家会写出一部能与希格弗莱德·吉迪恩[2]的《机械化的决定作用》相媲美的工商业应用软件发展史。）有时候生产和发行是相互关联的，有点像传统的工业经济——出版商用数据库和文件制作软件拟出一份时事通讯，然后用电子邮件把副本发给订户。但是，这种生产能力正日渐转移到消费者一端——当通讯社将信息流导入个人电脑，个性化的报纸制作软件会自动对新闻故事进行筛选和编排。电脑网络中的每一个节点都有可能既是信息产品的生产地点又是信息产品的消费地点，还有可能成为进行复杂、多向的信息交易的渠道。

1　101 指课程编号，表示初级课程。0 和 1 是计算机最基本的存储和计算单位。——译注

2　20 世纪著名的建筑理论家和历史学家。——译注

在网络空间，克拉克模式的第三产业水平变成了信息零售商、经纪人、代理商和中间人所提供的服务。比方说，一份科学杂志的编辑和出版商提供这样的关键性服务：对来稿的重要性和科学价值作出评估并挑选最好的刊发。虽然传统印本杂志的生产发行机制与新兴的网上杂志很不一样，但这种信息中介的作用并没有改变。同样，当聚会从酒吧转到电子公告牌，我们仍然需要有人充当"旅店老板"，把屋子收拾整齐，使谈话顺利进行。而当零售和银行业开始网上服务，销售工作也随之转移到网络空间。

网络和网络空间社区把来自不同领域的使用者联系起来，就像运输系统和实体城市一直所做的那样。像农民把他们的麦子搬上火车运往市场和消费者那样，信息的初级生产者可以把他们的比特放上网。信息产品的制造商可以在网上找到供货商和原料，然后又把他们的成品放回网上。销售人员和专业顾问可以在网上而不是在中心商业街上开设店铺。如果你在万维网冲上一会儿浪，或者研究研究任何一家商业在线服务公司提供的服务，你会发现所有层面上的交易活动都进行得如火如荼。

有形商品 / 知识产权

当然，这样的活动之所以存在，全因人们已经认识到比特的价值。因而人们乐意把资源投放到比特的创造、获取、存储、

转换和转让上。人们发现自己乐于买卖比特，并且很多时候想
要保护自己的比特。

　　律师喜欢把有价值的比特看作是知识产权的一种形式，像
印在纸上的文本或者录在录像带上的电影。他们理论到：创造
数字作品需要激励，因此在整个社会得益于知识的生产和传播
的同时，创造者应该享有从自己的智力贡献中赚取金钱的限制
性垄断权。这样，网络空间的经济活动就应该受到版权法和专
利法的规范，虽然这些法律可能会被修改并扩大覆盖范围，将
数字媒体和发行系统的新特征考虑进去。

　　但"产权"这个比喻可能会使人产生误解，因为数字制品
（像应用软件文件、文本文件还有数字电影和音频文件）和像
土地、楼房、汽车和印本书籍这样的有形资产相比，有几个关
键区别。[1] 它们可以被无限复制，成本低廉；并且它们可以通
过电信网络，几乎瞬间传遍全世界。它们只占用很小的存储空
间，还常常可以被挪来挪去而不被觉察。很多时候，将现有的
数字信息转换合并制作出看起来迥然不同的新作品是件又快又
简单的事。

　　最重要的一个区别可能是，一个人在使用一个文件或者一
些应用软件时，不会干扰或者阻碍别人使用同一资源。土地就
不一样了：如果我在一块地上建了房子，你就不能建了。汽车
也一样：如果我买走了那辆家庭用车，你就没法买了。甚至连
书本和录像带也一样：如果我借走了其中一册，别人就借不了
了。相比之下，网络空间里的数字资源不一定就是稀缺资源。

1　关于知识产权法在网络空间的适用困难，参见迈克·戈德温，《一宗计算机犯罪诉
　讼中的"财产"问题》。该文张贴于 misc.legal,comp.orf.eff.talk，最早载于《卡多佐
　法律论坛》（1992 年 9 月）。

它是一种古怪的资产，珍贵但本质上并不稀缺。

因为这些区别，越来越壮大的网络空间商业社区发现，它们既不能依赖传统的法律机制来保护它们出售和交换的比特，又不能用惯常的做法来做付款担保。以信息高速公路为导向的战略出现了。例如，新闻档案和其他需要经常更新的大型数据库供应商并不向用户收取下载信息的费用，而是根据用户登录服务器搜索信息的时长收费。因为从数据库中提取的最新信息是最具价值的，所以用户有动力进行新的搜索（并为之付费）而不愿依赖以往搜索结果的非法复制件。或者，当用户接收源源不断的信息流——像被导入个人电脑用来制作个性化报纸的新闻——付费可以采用缴交订阅费的形式，一旦欠费，信息流就会被切断。对于那些供用户选阅的在线书刊、电影，供应商可以常备综合性的目录，使用户可以方便快捷地找到想要的东西，然后供应商可向用户收取下载材料到打印机或者收看设备的费用。

这些机制的创立为如何构建一个可行的网络空间商业框架提供了部分答案，既充分保护了比特原创者和发行者的权益，又避免了对信息的自由流动造成不必要的障碍。第二部分答案是知识产权法不断发展，涵盖了网络空间里出现的新形势。还有一部分答案——也许是最重要的一部分——在这些事情上形成了一种广泛认可的道德意识。任何技术和法律约束要想成功实施，必须首先得到社区的接纳。得不到解决的道德争端必然会在网络空间社区成员中引发冲突，就像在其他地方一样。

移动材料 / 处理比特

如果将这种分析推向逻辑极端，我们很容易失之偏颇，从而得出这样一个结论：网络空间的经济活动在自己的地盘里自发进行，与物质的、实地的经济活动无关。但比特之所以有价值，往往正是因为它能告知我们物质世界里的一些事情，并且能为我们在那个世界里的行为提供有用指引。事实上，网络空间里的电子链接主要是为了（如曼纽尔·卡斯特尔所说）"把农业、制造业与商品、服务的消费以及对社会组织和机构的管理联系起来"[1]。这种联系正在显现的结果似乎是两种力量之间复杂的相互影响：一种是既有的、有着明确地理位置的城市和区域经济；另一种是远程信息流日益强大的影响。这种信息流存在于世界范围内的虚拟社区中，几乎瞬间就能传到目的地。

地理学家、经济学家和规划师将不得不收集数据进行仔细分析，弄清楚当前的真实情况，但下面的这些猜想看似可信。首先，疏散经济活动的力量正在加强。管理人员和专业人士越发能分散到世界各地，因为他们能够用通信手段重新整合他们的活动。资本的流动性提高，世界经济现在可以实时运作了。公司可以在维持统一管理的同时分散生产，并参与世界市场。与此同时，集中经济活动的力量也非常活跃。生产过程从根本上说仍依赖于材料的分配和运输，因此工业生产的地点主要还是由地方的原材料供应能力和劳动力市场的开放程度决定。再者，一种先进的电信设施在起步阶段往往更愿意在现有的城市

1　曼纽尔·卡斯特尔，《信息化城市：信息技术、经济重组及城市区域进程》（马萨诸塞，剑桥：布莱克威尔出版社，1989 年），第 129 页。

中心发展（因为那里的信息业务高度集中，有利可图），而不会选择小城镇和边远地区。最后，这两股对立力量将对城市和地区的发展进程，对工业、商业和居住区位模式产生复杂的社会分化作用。这不是用简单的公式可以算出来的。

因此，网络空间社区——就像18世纪的海港、19世纪的铁路小镇和20世纪中期的汽车旅馆或者快餐店——在这种复杂的新型经济秩序中扮演着特殊角色，这种新型经济秩序是伴随着一种新设施的应用发展起来的。它们是信息高速公路上的139车站。全世界对比特显而易见的贪婪为它们的发展提供了动力，正如人们对工业品的需求促进了早期工业城市和运输中心的崛起。通过生产、占有和移动比特，为它们作中介、用它们赌博、把它们藏起来、把它们偷走、发明使它们增值的新办法，网络空间社区也会繁荣起来，靠比特赚大钱。

实体交易 / 电子交易

历史上的社区已经通过为买卖双方提供见面和交换货物及服务的专门场所来培育经济活动。[1] 亚里士多德在《政治学》一书中提出：一个城市要有一个"自由"广场，"除非当局传

---

1 对这些场所的历史考察，参见 J. B. 杰克逊，《广场的不同功能》，载 N. 格雷泽和 M. 里拉编著的《建筑的公共面孔》（纽约：自由出版社，1987年），以及 M. 韦伯著《历史演变：城市广场》（纽约：惠特尼设计库出版社，1990年）。

唤，否则技师、农民或者诸如此类的其他人一律不得入内"；还要有一个市场"从事买卖交易"，它"单独建在一个地方，方便各种货物从海上和农村运来"。[1] 古罗马就既有供市民集会的城市论坛（fora civilia），也有出售食物的食品市场（fora venalia）。罗马的这些市场还根据产品类别作进一步分工：菜市（holitorium）卖菜，牛市（boarium）卖牛，猪市（suarium）卖猪，酒市（vinarium）卖酒。中世纪的市场既是易货交换之地，又是举行宗教仪式的场所。现代的城市有主街，有商业区，还有购物广场。购物广场里充斥着各种细致分类的零售商店，基本的交易在柜台——销售点——进行，钱和货物在那里以实体的形式交换。

在网络空间，买卖双方的必要联系不是通过物理上的亲近而是通过逻辑链接建立的。这种链接全部由软件和数据库完成。商家通过访问电子地址列表与潜在的顾客建立联系。成功的市场营销关键不在于把店开在对头的居民区，向对头的顾客展示商品；而在于（像以前的直接邮件营销策略那样）掌握对头的地址列表发送广告。相反，顾客则通过访问在线目录找到商家。要快速找到某一商品，他们需要有合适的目录指引集，而不是通往专卖店和购物区的便捷通道。列表中套列表，目录中套目录，便捷的业务联系就这样开始建立起来，就像各类商家聚集在街市或者购物中心里。[2]

---

1 亚里士多德，《政治学》，Ⅶ，xii。

2 商业在线服务公司的"购物中心"组建起来基本上都非常容易，上面有网售商品的目录。在互联网上，更多像互联网商城这样的点对点集合在较小范围内发挥着类似作用（相关信息可发电子邮件至 taylor@netcom.com 咨询）。1994 年 4 月连接互联网的商业网是万维网中一个雄心勃勃的店面系统，可通过马赛克导航系统进入（http://www.commerce.net）。

那么从技术上讲，联系商家和顾客的逻辑指引可以指向任何一端，但里面有一个由谁掌握控制权的问题。是由商家来组建、维护、整理和过滤所有的数据库，并决定在什么时候向什么地方发送他们的广告吗？这会产生一系列问题：准确定位目标的市场营销人员会不会侵犯别人的隐私权？顾客怎样才能使自己免受讨厌的广告干扰？谁有权去发起交易？会不会有群体被系统排斥，收不到他们需要的信息（一种新型的歧视）？[1]还是应该由顾客来组建和维护他们认为有用的目录指引数据库，并只在他们要求时才获得产品信息？这为新产品营销和新晋商家打开市场制造了困难。因此，一个成功的网络空间市场或许要在两者之间取得适当的平衡。

西尔斯公司和国际商业机器公司于 20 世纪 80 年代创立的奇才在线服务公司就是组建网络空间消费者市场的一次开创性尝试。奇才最初用于播放广告和记录哪些广告被浏览过。使用者需要提供人口统计信息，然后这些信息会被用来创建"个性化"内容。关于这个安排，服务协议上说得很清楚："奇才服务一个宝贵又独特的特点就是能够根据每一位会员的兴趣，提供个性化的信息和交易服务。个性化以会员（或会员资格持有者）向奇才提供的数据为基础，这些数据来源于会员对奇才服务的使用情况，以及会员对奇才所提问题和所作调查的回应。"[2]

在这样那样的网络空间消费者市场中，商家向来占尽好处。他们拥有大型计算机，能够通过记录信用卡、电话、家用

1　有关这些问题的探讨，参见安妮·W. 布兰斯科姆，《谁有你的名字和地址？》，载《谁掌握着信息？从隐私权到公共使用权》（纽约：基础书籍出版社，1994 年），第 9-29 页。

2　《奇才服务公司会员协议》，怀特·普莱恩斯，奇才服务公司，1989 年。有关论述参见小奥斯卡·H. 甘迪，《全景敞视型》（博尔德：西景出版社，1993 年），第 104 页。

电脑交易和购买邮件列表收集名录。[1] 然而，当越来越多的消费者有了电脑并连上了网络，当像马赛克、网景这样的客户软件使他们查找目录更加容易，这种平衡可望改变。当必要的技术发展起来，我们可能会发现，高度个性化的消费者软件代理人（它们清楚主人的习惯和偏好）会和商家的销售代理人在虚拟展厅和商店里碰面，越来越多的生意将通过它们来完成。

非物质商品，像保险单和商品期货，用电子交易最容易不过。这个理念很自然就能拓展到体积小、容易运输、价值高的特殊商品——书籍、电脑设备、珠宝等，这些商品传统上是邮购的。但对于像食品杂货以及其他以大众市场为目标、体积大、利润低的生意来说，电子交易意义不大。网络空间里的城市跟实体城市一样，有着它们独特的贸易优势和劣势，因此倾向于朝着贸易专业化发展。

现钞 / 电子现金

网络空间不能真的支付现金、签署支票、出具信用卡或者亮出身份证，所以人们正在为这种新型市场重新创设付款方式。互联网和其他类似的网络一开始并不是用来支持商业交易的，

---

1 杰弗里·罗斯法德对构建列表的种种令人毛骨悚然的行径进行了调查，见《待售的隐私：电脑化如何把每个人的生活变成公开的秘密》（纽约：西蒙与舒斯特出版社，1992 年）。

对于这一目的它也不够安全。幸运的是，我们可以用数据加密技术来验证交易各方的身份，使诸如信用卡号码和投标金额之类的敏感信息得以安全交换，并为具有法律约束力的文件添加数字"签名"和时间戳。1994 年夏，人们开始研制确保互联网交易安全的行业标准，在线购物服务开始接受有加密保护的信用卡支付。[1]

但信用卡支付——无论安全性和防伪技术有多高——也有缺点：它不能像现金付款那样匿名支付，每一次刷卡购物商家都能把卡号记录下来。而且人们可以利用信用卡记录的交叉连接，生成个人详细的购物、旅行、通话和医疗历史。于是各种各样的"电子现金"方案被发明出来，在保护当事人隐私的同时又为网络金融交易提供安全保障。

从某种意义上说，电子现金方案是利用数字签名的典型：先用一把密匙在信息上"签字"，再用一把公匙核实信息，一条信息只有经过私匙签字才能通过公匙的核实。[2] 然后银行会以编号比特集束的形式发出"电子银行票据"，由一把专门的私匙签署。不同的面额要用不同的私匙。要从银行取出一美元，你要用你的私匙签发一条信息，银行会给你记账并发回一条用它的私匙签署的电子银行票据。要花掉那一美元，你得把它发回银行，银行会对签名进行核实，在已支票据列表中核对数目，然后把一美元转入收款人账户。[3]

1　彼得·H.刘易斯，《购物者请注意：互联网已开放》，《纽约时报》，1994 年 8 月 12 日，星期五，D1-D2 版。
2　详情参见马丁·E.赫尔曼，《公匙加密法的数学原理》，《科学美国人》第 241 第 2 期（1979 年 8 月）：第 146-147 页。
3　对电子现金方案的介绍，参见大卫·乔姆，《实现电子隐私》，《科学美国人》（1992 年 8 月）：第 96-101 页。

这种直截了当的方法虽然安全性高，但它实现不了匿名支付，银行仍然可以记录票据的支付人和钱的去向。因此更加复杂精细的方案出现了，像数字现金公司研发的版本那样，这些方案通过玩数学游戏，发出随机编号的"盲"票。[1]

虽然电子现金的内部机制看似复杂，但用户界面却不必如此。在网上，用户可以轻易地把代表银行票据的图标拉到用图形描述的支付地点。在大街上，用户可以把他们的电子现金放进电子钱包里。

任何形式的电子支付最终都得到了广泛接受，它们势必给我们的日常生活带来根本性的变化。在传统的城市里，日常的生意交易都通过实实在在的实物交换进行：在商店柜台上一手交钱一手交货，白纸黑字签订合同，从事非法交易的罪犯有时会被抓现行。但在虚拟城市里，交易简化成了交换比特。

农奴 / 代理人

网络空间里的交易和传统场所里的交易一样，并非总是由当事人亲力亲为。有时候它可以是"我的助手会给你的助手打电话"——任务委派给了代理人。用代理人为你省下时间去干别的事，当你要完成的交易数量庞大且耗费时间时，这一点变得尤为重要。

---

1 欲了解电子现金方案详情，可发送电子邮件至 info@digicash.nl 咨询。

随着网上活动的增加，越来越多的网络空间居民开始意识到，他们也和亚里士多德在《政治学》一书中构想的希腊市民一样，需要可靠的代理人来为他们服务。众所周知，亚里士多德把他心目中的代理人（奴隶）描述成过上"美好生活"所需的"活工具"。他写道："工具可以是无生命的，也可以是有生命的。比方说，一个船长用的船舵是无生命的，但用来负责瞭望的却是大活人。在船长眼里，仆人就是船上的工具之一，因此任何财产均可视为人们的生活工具。一个人的全部财产就是这种工具的集合。奴隶是一种有生命的财产。"接着作为题外话，他继续想象能有一种人工智能工具拯救他于这种推理所带来的道德混乱："如果我们的每一样工具都能完成自己的任务，不管是我们吩咐它做的还是它自己意识到需要做的；如果——像代达罗斯[1]建造的雕像或者赫菲斯托斯[2]做的三脚架……——织布机上的梭子能自动穿梭，乐手手中的七弦琴能自己弹奏，这样主匠就不需要跟班，奴隶主也不需要奴隶了。"[3]

这种会自动操作的机器在古希腊不存在，但在网络空间里却是有的：程序员可以造出智能的比特傀儡——软件工具来为其效力。不仅能完成有用的工作，还能——至少在一定程度上——学习经验并自行作出某些决定，这种自主软件的概念可以追溯到研究人工智能的先驱奥利弗·塞尔弗里奇在 20 世纪

1　希腊神话中的人物，建造师。——译注
2　希腊神话中的火神与匠神，被认为是工匠的始祖。——译注
3　亚里士多德，《政治学》，Ⅰ，iv。

60 年代所作的一些研究。[1]20 世纪 80 年代马文·明斯基的著作《意识的社会》为该理念的发展提供了灵感，并阐明了一些重要的技术基础。[2]

到 20 世纪 90 年代，网络世界的规模变得异常庞大，比特的供应远远大于需求，代理人似乎成了必需。它们开始出现在一些 MUD 游戏中，在里面，一些叫作机器人的软件对象会和玩家互动，提供指引服务，兜售房地产，有时甚至诱骗那些容易上当的人玩《小性爱》游戏。需要经常上网查找信息的用户开始依赖搜索代理人来帮助他们完成搜索任务，这些代理人知道哪里有某一类资料，能在网上帮你找到，甚至还可能会根据你的喜好用方便、显眼的格式向你呈现。[3]绝望的电子邮件用户开始用代理人过滤垃圾邮件并对剩下的进行优化排序。新闻组发烧友对斯坦福网上新闻过滤器信心十足，它每天能把新闻组网络系统上的一万多个新闻组读个遍，并用电子邮件向用户发回那些含有指定关键词的新闻。工程师设计出能控制电网的代理人，天文学家用代理人安排望远镜的观测时间。[4]代理人开始进驻个人电脑，观察用户处理像回复信件、安排见面这样的日常事务，找出门道，然后在适当时候开始自动操作。[5]越

1　代理人和传统类型的软件工具之间的界线不好划分。但如果软件可以独立进行智能化操作，它就像个代理人的样子。如果它经过某种编程能实现你的个人愿望，如果它具备了一定的学习经验的能力，如果它能适应意外情况并执行应急计划，那么你就可以信心十足地称它为代理人了。

2　马文·明斯基，《意识社会》（纽约：西蒙与舒斯特出版社，1987 年）。

3　伊万·I.施瓦兹，《网络空间里听命于你的软件仆人》，《纽约时报》，1994 年 1 月 9 日，星期日，第 11 版。

4　艾伦·杰曼，《软件的特殊代理人》，《新科学家》第 142 卷第 1920 期（1994 年 4 月 9 日）：第 19-20 页。

5　参见帕蒂·梅斯，《能减轻工作和信息超负荷的代理人》，《ACM 通讯》第 37 卷第 7 期（1994 年 7 月）：第 31-40、146 页。这类代理人一个早期的商业范例是"芝麻开门！"，那是一个由查尔斯河分析研究所研发的麦金塔程序。

来越多的事务被放到了网络空间处理，看来我们不可避免要越来越多地使用代理人来自动替我们物色商品和服务，谈价钱，买东西。让你的代理人跑腿去吧！

早在 1994 年，当通用魔术——硅谷一家广受关注的新公司——推出 Telescript 和 Magic Cap 两款软件的时候，普罗大众就已经开始对这个至今仍神神秘秘的代理人话题有了更多了解。Telescript 是一种专门的编程语言，能方便地创建代理人和虚拟场所。Magic Cap 是通往代理人和虚拟场所世界的入口——一个图形操作系统。在这个系统里，网络空间就像可爱的迪士尼乐园一样，一条"主街"两旁"店铺"林立，各种组织通过这些"店铺"兜售他们的商品和服务。你可以自己去购物，只要进入一个程序化场所跟里面的代理人交涉就可以了。或者你可以把任务交给代理人，派它去跟其他代理人面谈。

随着软件代理人的出现，越来越多的网络空间场所就有了服务人员，为你提供所有的服务指引，帮助你使用这些功能——就像商店里有售货员，办公楼里有咨询员，酒店里有看门人，图书馆里有图书管理员。在 MUD 游戏里，图灵测试[1]出现了新的变数——访客有时候很难分清自己在网上是在跟人打交道还是在跟聪明的软件打交道。

不难想象代理人越来越多地会给社会和城市带来什么样的问题。[2]电脑病毒和蠕虫就是恶意制造的代理人——像被教坏的小孩，蹦出来惹是生非。会出现黑社会吗？错误的编程会

146

1　一种确定计算机是否具备人类智能的实验。一个人向计算机发问，另一个不知情的人试图从回答中区分是人还是计算机。如果计算机没有被识别出来，它便通过了实验。——译注

2　唐纳德·A. 诺曼对其中一些问题进行了探讨，参见《人们将如何与代理人交流》，《ACM 通讯》第 37 卷第 7 期（1994 年 7 月）：第 68-71 页。

制造出具有破坏性的、无法控制的流氓代理人吗？代理人很容易复制，所以网络空间里的代理人会泛滥成灾，应该怎样控制它们的数量？法律将如何约束那些代表身处异地、可能还很健忘的创造者执行重要任务的代理人？[1] 即便我们的代理人非常智能，总能把事情做得无懈可击，这样我们就能完全信任它们吗？我们应该如何解决奴隶这个古老的悖论？为了高效完成任务，我们都希望自己的代理人越智能越好；但它们越聪明，我们就越要担心它们会失去控制，将我们取而代之。

因此，历史会自动重演。古代的大城市需要大量劳动力来维持运转，于是就进口奴隶或者把那些外出找工作的移民吸引过来。希腊和罗马有奴隶宿舍，19世纪工业城市的工厂附近出现了贫民窟，20世纪初的现代主义建筑师一心要为工人提供便宜、高密度（通常是高层）、重复单调的居所。而网络空间城市里生机勃勃的、越来越不可或缺的程序化工人阶级如今住在看不见的磁盘驱动器里。

管辖权 / 逻辑界限

在任何社区，有一些交易是禁止的，有一些则未必，比如

---

1 我们可以转而向古代与奴隶有关的哲学和法律寻求答案，但帮助不大。罗马的法律与亚里士多德"奴隶是有生命的工具"的观点一脉相承，从根本上否认奴隶具备独立行事的智能，认为他们是介乎人类和动物之间的生物。因此，比方说一个奴隶杀了人，他要么是失灵了要被铲除；要么是执行了主人的指令，他的主人应对此负责。斯多葛学派则持相反观点，他们认为奴隶应被看作是有自主智能的生物，并且塞内加（译按：古罗马著名的哲学家、斯多葛学派的代表人物）提出了一个著名观点：他们能行善事，应该对自己的德行或者其他行为负责。

贩卖毒品。因此传统上城市边界的重要性在于，它划定了一个社区的权力范围，对居民可以干什么确立和行使控制权：高墙内适用社区的规范和法律，但高墙外一概不作数。普鲁塔克[1]用一个故事生动地说明了边界的重要性。故事说，罗穆卢斯[2]在罗马城周边刨出一条深沟，他认为这项工作很重要，还杀死了碍事的李生兄弟雷穆斯。罗马法律对那些篡改界碑的人施以严刑，罗马万神殿还把护界神特密努斯供在显要位置。

今天的地图是经过政治家讨价还价，再由城市规划师绘制的，当中包含了所有权边界、区域边界和管辖边界。在一个辖区内，适用当地法律和习俗，一些人向别的一些人行使地方权力，地方警察和军队力量用武力威吓或者实际使用武力来维护其权力。但比特听命于终端而不是护界神，地上划的这些线在网络空间里毫无意义。

比方说要对被当局认定为色情淫秽的图像实行控制。以前政府可以通过监视境内的生产和发行、在边境没收此类出版物来对这些图像实施有效控制。（一些毛拉和奉行孤立主义的暴君现在仍然这样做。）然而，要在网络空间设立有效的边境检查站非常困难，有时是不可能的。现在数字图像和视频可以被贴到电子公告牌上，电子公告牌的实际地址可以在世界上任何一个地方，任何人只要能上网，都可以在任何地方下载。[3]如果它们是通过互联网下载的，传输路径的多样性和包交换协议的使用——即文件以片段的形式传输，再在接收端重组——会

---

1 希腊历史学家。——译注

2 罗马神话中罗马城的奠基人，古罗马第一个国王。——译注

3 例如可参见《官员打击电脑儿童色情》，《圣荷西水星报》，1993年9月1日，星期三，20A版。

使拦截传输难上加难。

曾经有一个叫"业余行动公告牌"的"成人"图像服务器，

148 其实际地址在加利福尼亚州苗比达市。1994 年，它的所有人被送上了田纳西州孟菲斯市联邦法庭，被控散布淫秽制品。[1]随后，美国邮政稽查官和圣荷西市的警察一起对电子公告牌展开了突击检查。控方声称从该公告牌下载的图像违反了田纳西州的规定。辩方则争辩说这些文件符合加利福尼亚州的法律规定，田纳西州法庭不该多管闲事。当然，如果"业余行动"的磁盘驱动器在墨西哥或者丹麦，邮政稽查官就鞭长莫及了。而如果这些文件是从一个匿名重邮器上下载的，他们甚至根本不知从何查起。

这个问题同样戏剧性地出现在新西兰——一个偏远的岛国，长期习惯于控制境内的信息。1994 年，新西兰议会一位右翼议员提出了一份《技术与犯罪改革法案》，自以为是地认为可以阻挡由先进的通信技术掀起的不受欢迎的比特大潮。[2]该法案提出的建议中有这么一条——通过非法电信服务散布的"令人反感"的内容属违法，责成新西兰网络经营者肩负起保护新西兰公民的责任，避免他们进入外国色情电子公告牌。这条建议引起了怀卡托大学的恐慌，这可以理解，那里是新西兰唯一一处与外界有互联网连接的地方。

你可能会支持地方当局控制儿童色情，但如果是压制持不

---

1 被告人的撤案动议参见《计算机地下文摘》第 6 卷第 55 期（1994 年 6 月 19 日，星期日），第 1-6 号文件。判决结果参见《通过电脑散布色情图片的夫妇被判有罪》，《洛杉矶时报》，1994 年 7 月 29 日，星期五，A10 版；以及《计算机地下文摘》第 6 卷第 69 期（1994 年 7 月 31 日，星期日），第 1-6 号文件。

2 参见内森·托金顿，《新西兰立法建议》，《计算机地下文摘》第 6 卷第 60 期（1994 年 7 月 6 日，星期三），第 7 号文件。该法案转载于《计算机地下文摘》第 6 卷第 65 期（1994 年 7 月 17 日，星期日），第 1 号文件。

同意见的政治言论呢？数字自由网使这个问题更加戏剧化了，它建了一个在线图书馆，唯一的目的是把那些在作者的祖国遭到封杀的书放上网。[1]但这种事不光识字的好人会做，新纳粹分子也同样能轻而易举地在人们找不到的地方神不知鬼不觉地建一个服务器，肆无忌惮地散布仇恨。如果没人愿意下载他们那些讨厌的东西，他们就直接用来路不明的帖子淹没整个新闻组网络系统。所以，《华氏451》已经不合时宜——书可以烧，比特可烧不掉。[2]

149

出口会像进口一样难以控制。例如出于对国家安全的考虑，美国禁止出口功能强大的密码软件。但在互联网社区，谁都知道这种软件的复制件能在那些向所有人开放的服务器上找到，并且任何人只要有个网址，就能在世界上任何地方轻易地下载这些复制件。

当电脑网络跨越传统的管辖边界，那些人们自认为拥有的权利也随之变得模糊。比如在有关审查制度和言论自由的网上讨论中，参与者往往会信心十足地提及他们的"第一修正案权利"[3]。可那是谁的宪法，又是谁的修正案呢？互联网社区是

1　参见彼得·H.刘易斯，《在互联网上，异见人士的声音响彻世界》，《纽约时报》，1994年6月5日，星期日，E18版。数字自由网在实际使用中可能不是十分有效，因为在书籍被禁的那些臭名昭著的地方，很多目前还上不了网。譬如这个网肯定不能把《撒旦诗篇》（译按：1988年9月由英国企鹅书店出版，作者是拉什迪。该书被穆斯林世界指责为亵渎神灵，被印度、巴基斯坦等国家列为禁书）传入印度、巴基斯坦和伊朗的腹地。但它确实确立起了这种理念，并指明了未来非常可能实现的状况。

2　参见雷·布拉德伯里，《华氏451：书籍的燃点》（译按：科幻小说，描述了在人类未来世界中，消防员的职责不再是灭火，而是烧毁那些与人类文明相关的书籍。该书于1967年拍成电影）（纽约：巴伦坦出版社，1953年）。

3　美国宪法第一修正案规定国会不得制定关于下列事项的法律：确立国教或禁止信教自由；剥夺言论自由或出版自由；或剥夺人民和平集会和向政府请愿伸冤的权利。——译注

国际性的，它的实体设备和用户广泛分布在不同的政治和文化
单元，因而我们不能简单地将那里的规范和法律与居住在美国
境内的人适用的规范和法律混为一谈。

领土 / 拓扑学

当以空间划分的权力在网络空间里消融，却出现了另一种
权力取而代之，那就是系统操作员的权限。任何一台作为网络
节点的机器，其操作员都有权允许或拒绝用户进入该节点，并
且能接通或断开该节点运行的任何子网络。系统操作员可以控
制进入一台机器的比特流，决定储存哪些不储存哪些，确定要
对哪些比特进行处理以及用什么方式处理，并控制比特输出。

因此要了解控制和权限的模式，要看网络拓扑图而不是辖区地
图。尤其要找的是战略瓶颈——网络空间的"开伯尔山口"[1]，
很多东西能在那里流进流出，但要切断也易如反掌。那里才是
真正掌握权力的地方。[2]

你很快会发现拨号公告牌的操作员——和那些围在高
墙里的城邦的专制君主一样——能够对其实施完全控制。像

---

1 位于巴基斯坦与阿富汗之间，历史上为连接南亚与西亚、中亚最重要的通道。——
译注
2 据一个有可能是杜撰或者夸张的故事描述，苏联所有的广播网络只有一个转换器，
以便他们能迅速关闭。不管是不是真的，这种对电子通信实行的极权控制太有威慑
力了。

CompuServe和美国在线这样的商业在线服务公司同样会集权，但它们的规模要大得多，并且它们必须对形形色色且说不定还十分难缠的用户群体负责。由银行和其他大型商业组织经营的私人网络不对外开放，只供它们自己使用。

相比之下，互联网是一个巨大而松散的联邦，由数以千计小规模的、通常由地方运营的电脑网络组成。它的结构异常繁复（这一特征从根本上说根植于老的阿帕网，它被有意设计成一个分散式的、重重复复的结构，使其在遭受核破坏或者军事指挥部被摧毁时不至于完全崩溃），一条信息从一个节点发送到另一个节点一般会有多条不同路径。[1] 互联网上的"开伯尔山口"不多，因而要控制它并没有非常有效的途径。那里不像香蕉共和国[2]，不会通过政变由一个清晰的权力中心接管。它是一项了不起的政治发明——结构庞大，有着强大的内部力量，可以抵制权力集中和专制控制。

但不受控制的领土也有它的危险。为保护自己免受那些潜伏在门户大开的互联网边疆的不法分子、擅闯者和危险分子的侵害，很多商业和政府组织已经开始设立"防火墙"，用以保护那些同时连接内部网络和外部互联网的电脑。就像古代那些建有城墙的城市一样，这些组织设有狭窄的城门放人出城，但同时又能防御有害入侵。

因此，一种新的逻辑出现了。网络空间里大规模的权力斗

1　电脑网络是集权式的、可能还是独裁的客户—服务器结构；而互联网是分权式的、繁复的点对点结构，内部各网络之间互相连通。罗杰·克拉克探讨了两者之间的差异，见《信息技术：独裁的武器还是民主的工具》，国际信息处理联合会世界大会，1994年8月31日，汉堡。

2　对政局动荡、贪污严重、被强大外国势力介入的国家的贬称，通常指中美洲和加勒比海的一些小国。——译注

争将围绕网络拓扑结构、连接能力和信息获取能力展开，不会像过去那样为扩大地盘、争夺领土打来打去。

电子政治 / 电子民意调查

对亚里士多德来说，一个没有地点、没有疆界的社会会显得很奇怪。他认为一个国家——一个自治的政治单元——应该有明确划定的领土，公民在里面生活并对其行使控制权，这是不言自明的。在《政治学》中，他专门用一节列举了理想中一个国家应该具备的特质：必须有足够的生产力，实现自给自足；必须足够大，使公民生活舒适又不至于太过招摇；必须足够坚固，能抵御敌对势力的入侵；必须方便远征军出征；必须便于监督；必须选址恰当，方便海运和陆运；还必须邻近农业区和生产所需的原材料产地。[1]

这种关于地域国家的经典看法能从政府议会大楼（周围通常建有官僚机构来支撑它）的建筑上体现出来。这种建筑传统上建在国家的中心位置。（没人会把它建在国外，除非是流亡政府，这是很少有的特例。）所以一座城市要有自己的市政厅，一个州要有自己的议会大厦，一个国家——视其政体而定——会有凡尔赛宫、威斯敏斯特教堂、克里姆林宫、白宫和国会大

1　亚里士多德，《政治学》，Ⅶ，v。

厦，或者别的什么。从更高的层面讲，所有的城市都可以被指定为州或者国家的首府——处理国家事务的特殊场所。在大多数现代系统中，聚集在这些地方的政治家们代表着他们所在的特定地区。

很明显，目前技术手段正在用电子装置和软件取代这些空间和建筑安排。要提出可信根据说明这种替代为什么好一点儿也不难。首先，政治集会可以变成虚拟的，代表们通过电脑网络相互联系，不用齐刷刷坐在议事厅里。这还不算什么。会议厅已经装上了电子系统，用来记录投票过程，我们当中很多人可以通过美国有线卫星公众事务网或者当地的有线电视收看会议过程（如果我们想看的话）。对某些事情来说，这样的安排很糟糕，比如说华盛顿那些高级餐馆，但这样可以拉近政治家和选民之间的距离，还能节省交通和住宿开销。

然而不管掌权者们怎么开会、在哪里开会，几个更加基本的政治问题依然存在：由谁掌权，掌权者服务于谁的利益，以及如何使掌权者负起责任。在《政治学》中，亚里士多德用了大量篇幅对这些问题进行论述。从他的目的论观点出发，他认为国家存在是为了服务大众利益，因此判断一个国家属于何种政体，要看统治者是只为自身利益服务还是为全体公民的利益服务。接着，他对想象中的各种不同政体进行了描述和评价——五种君主政体、四种寡头政体、四种民主政体。

20世纪40、50年代控制论学科出现之时，政治理论家们很快意识到，这些讨论很容易用计算机术语来重塑。正如亚里士多德指出的那样，可能会有各种形式的暴政，在这些政体中，控制由最高统治者实施，被统治者和统治者之间没有有效的反

馈回路。或者它们也会建立某种反馈回路，令统治者意识到
自己的行为造成的后果，敦促他们把心思放到公共利益上去。
选举确立了一条重要的反馈回路，并为采取纠正措施提供了机
会——如果这帮流氓不为大众谋利益，民众就把他们赶下台。

但选举机制作为控制装置也有一些明显的局限。它的运转
周期很慢，对具体政策的影响未必非常有针对性。至少在一定
程度上，这是传统的选举技术无法避免的后果。当大量来自四
面八方的选票需要用人力收集并制成表格，这个过程永远都是
缓慢、冗长的，需要大把地花钱，太过经常地反复使用并不
实际。

电信网络发展起来后，越来越多的人调侃说可以用电子投
票代替过时的投票站和投票箱。在网络空间的选举中，你可以
看到候选人在网上张贴的政纲；你可以用你的个人电脑到一个
虚拟投票站去投票，投票站可以实时自动记录选票。比方说，
因为所有学生都能上校内的雅典娜网，所以麻省理工的学生会
选举就可以用这种方法进行。当然，这样可能会出现填塞电子
票箱的问题，但这个问题可以通过用密码控制虚拟票箱入口或
者（更好的办法是）用加密技术验证投票者身份来解决。

其他形式的电子反馈机制也在发展。譬如，随着互联网
和商业在线服务社区在 20 世纪 90 年代迅速崛起，美国的政治
家们很快意识到他们要有一个电子邮箱地址。这样，他们就
能把自己对当日要闻的看法发到 president@whitehouse.gov 或
者 vice.president@whitehouse.gov 去。这个主意很快传到了世
界其他地方。1994 年夏，波兰总理瓦尔德马·帕夫拉克创建

了自己的邮箱地址 prime_minister@urm.gov.pl。[1] 我曾经试着给 pope@vatican.com 发过一些关于生育权的建议，但后来发现那是个黑客玩的恶作剧。无论如何，罗马教皇确实会用无线上网登录另外一个邮箱地址。

电子反馈机制甚至可能迅捷到足以支持实时（或者至少很快）的大规模直接民主。[2] 像罗斯·佩罗特这样的民粹主义鼓吹者已经设想出这样的愿景：你坐在双向电视前，一边收看辩论一边绕开那些政客，用电子手段马上记录下你的回应。网络为我们提供了成套的选择。用你的遥控器投票吧！

头发花白的老政治家们仍然想让我们相信"所有的政治都是地区性的"。但在网络空间时代，情况大不相同。不一定非得相信佩罗特那番对政治话语貌似可信的简单化观点，你也能够意识到，网络空间具有从根本上改变政治机构和政治机制的潜能，它为政治集会以及与分散的政治选民交流开辟了新的途径，为发起和阐述议题创造了新的机会，并且创设了比过去快得多的决策和反馈机制。

驱逐 / 系统操作员的黑名单

1　瑞克·E. 布鲁纳，《信息爆炸延及前东方阵营》，《波士顿环球报》，1994 年 8 月 1 日，星期一，第 18-19 版。

2　对这一设想如何付诸现实，D. 埃尔金提出了一个观点，见《通过电子市民大会实现自觉民主》，《全球评论》（1991 年夏季号）：第 28-29 页。

当然，掌权者不能通过网络空间去控制被统治者的身体（但这是个界面设计的问题，可能会改变），[1] 因此，当网络空间社区地理位置广泛分散或者跨越不同的司法管辖区，依靠武力威吓或者实际使用武力来维护权力的老做法行不通了。155 驱逐这种古代的策略重新流行起来：正如奥古斯都皇帝把奥维德[2] 从罗马驱逐到荒无人烟的黑海之滨（罪名是用淫诗引诱通奸），系统操作员可以把你踢出网。你的名字被从控制名单上删除，你失去了你的"访问特权"。[3] 更糟糕的是，你的名字最后可能进了系统操作员的永久黑名单。如果你拒不支付美国在线的账单，如果你试图在奇才网学奥维德勾引他人通奸，或者你实在把你的互联网网关系统管理员惹恼了，这种事就会发生在你身上。如果你只是出于娱乐目的偶尔上上网，这种驱逐对你的伤害并不大。但对于依赖上网搜索重要信息的科学家和学者、在网络空间进行牟利交易的生意人，以及那些社交生活依赖于在网络空间结识朋友和约会的人来说，这是一种非常严厉的惩罚，其威胁可以成为一种非常有效的纪律约束。

语言暴力是另一种可能，网络空间对此毫无约束。的确，利用电子手段进行的交流似乎是在助纣为虐。制造恶意邮件——发送侮辱性的、通篇都是骂人话的电子邮件或公告牌帖子——这种司空见惯的做法可能反映出一种维持惯常权力的需要，否则这种权力便会在一个实际暴力不奏效的新领域中受到

1　回顾一下威廉·吉布森那些关于网络空间的小说，里面用头部植入物作为界面装置。当里面的人物冒犯了统治阶层，他们会有掉脑袋的危险。任何一种力反馈装置同样有可能是施暴装置。

2　古罗马最伟大的诗人之一。——译注

3　这可以成为一种永久性的威吓和标准刑罚，就像流放澳大利亚成为18世纪英国法律系统的一条标准刑罚一样。

挑战。它还可以是一种通过制造恐惧——尤其是对在公共论坛蒙羞的恐惧——来夺取权力的方法。老板骂下属，老手骂笨手笨脚的新手，男人骂女人。这种经常爆发的骂战就像荒蛮西部发生在放牛人和牧羊人之间的枪战，是争夺网络空间边疆领土控制权的竞赛。因为没有实际报复的直接威胁，语言暴力经常以极端形式出现，骂人的话人们往往张嘴就来（要是在酒吧里，骂人的人肯定会被打翻在地），而挨骂的人窝火之余也会回敬对方。[1]

如果一个掌权者不能向某人施加直接惩罚，或者觉得自己受到了某种阻碍，他可以通过夺取或毁坏那个人的财产来对其实施间接惩罚。因此，法律系统用罚款和没收财产来作为限制人身自由、施加痛苦和判处死刑之外的选择。这种策略在网络空间也管用，因为电子信息作为那里贵重财产的具体形式，非常容易被截取和破坏。要是得罪了系统操作员，你不仅有被驱逐的危险，还有可能被销掉档案。

156

然而，不管由来已久的权力角逐策略如何千变万化，所有这些办法都可以用回到统治者身上。随着网络空间社区的壮大和多样化发展，这种情形时有发生，效果越来越明显。闯入电脑系统的黑客就是对排斥和驱逐的颠覆性回应。系统操作员"依法"消除档案，"罪犯"用他们的软件病毒和蠕虫病毒以牙还牙。网络空间跟别的地方一样，维持权力的方法同时也是抵抗和篡夺权力的方法。

---

1 网上的公共空间偶尔也会被人指责，说那里代表着懦弱的逃避——人们不是满怀热情地投身于城市里充满风险和危险的真实场所，而是退缩到网上去。（纽约人似乎尤其喜欢到那里去。）我说不准。比大打口水仗的场所更让人讨厌的地方寥寥无几。

监视／电子圆形监狱

虽然福柯热来了又去，但这位后现代大师（maitre）还是令我们深刻认识到，权力和监视是紧密相连的。他反复把社会描述成一个巨大的圆形监狱，掌权者对被统治者实施监视，臣民们意识到自己时刻受到监视，这对他们是个警醒：一旦越线，等待他们的将是惩罚。统治者对情况了如指掌，并且会作出反应。[1]

那么不足为奇，建筑的传统角色不仅仅是使实行有效监督成为可能，还要公开体现监视的存在。杰里米·边沁本人对圆形监狱的设计并非独一无二，它只是其中最走极端，并用图解进行生动描述的例子之一。毕竟民用建筑和机构建筑一般是由当权者修建的，因此我们能看到古城的城墙和现代监狱的狱墙上都建有醒目的瞭望塔；位于市中心作为标志性建筑的警察总部大楼布满了电子天线（看看洛杉矶市中心的帕克中心）；在每个地方的大楼里，接待处和警卫处都设在大堂醒目位置，甚至还有一些小小的公告牌，上面写着"警察关注中"。

电子时代刚刚到来，富有先见之明的乔治·奥威尔就预言电信设备将会取代这些角色。在《1984》描述的世界里，电视屏幕变成了一个无时不在的监视工具，上面显示着一张"老大哥"[2]的脸，这张脸时刻生动地提醒人们，老大哥真的在看着

---

1 福柯认为监狱是实施权力的工具，而边沁设计的圆形监狱正是他所阐释的规训机制的微缩模型。——译注

2 在《1984》虚构的大洋国中，老大哥是永远存在的最高领导人，他不知身在何方，又无处不在。——译注

他们。但奥威尔用不着细想当中的技术细节，这个设想也不会成真——用奥威尔所知道的原始的电子设备无论如何也做不到这一点。"老大哥"把接收端所有相应的显示屏放在哪里呢？他去哪里找那么多劳力来监视所有的显示屏呢？他怎么能做到对所有信息进行仔细检查核对呢？

真实的情况要微妙、险恶得多。虽然没有什么"老大哥"，但"小弟弟"却多的是。每台电脑的输入装置都成为了潜在的记录仪，记录着我们的一举一动。每一笔数字交易都有可能在网络空间某处留下印记。而关于个人信息的一个个巨型的数据库开始形成。如何核对这些信息的问题已经解决：人们可以编写出高效的软件，用来收集网络空间各个地方的信息片段，再把它们合起来构造出一幅幅高度完整的、关于我们如何生活的图景。我们进入了数据监视时代。[1]

我最近一次当面领教"小弟弟"数据监视的威力是在一个汽车销售员的小隔间里。这位本田汽车销售员用两根手指在电脑上输入命令后，一台打印机抖动着老旧的机身吐出一份天合汽车集团信用报告，上面详细列明了我所有的信用卡交易情况以及失信记录，从很多很多年前开始。很多信息源被人用电子手段翻查出来并进行核对，然后整合起来：银行、商店、代收欠款公司、信用合作社、保险公司、汽车公司、杂志订阅服务公司等机构的数据库，多得很。[2]这给我留下了深刻印象：天合公司用电子手段作为媒介的监视从来没有出现过闪失，什么

158

---

1 罗杰·A.克拉克，《信息技术与数据监控》，《ACM通讯》第31卷第5期（1988年5月）：第498-512页。
2 关于天合汽车公司和其他大型征信机构所采用的技术，参见罗斯法德，《信息分享者》，载《待售的隐私》，第31-62页。

都逃不过它的眼睛。那份打印出来的报告就生动地体现了权力，它就像是显示屏里出现的任何一张脸。

但这只是开始。随着双向电子通信设备的激增和多样化，我们的生活正在网络空间里留下越来越多完整而详细的印记。我们广泛使用的电话就是最早的一种设备。它们很快产生了计费数据——何时、何地、由何人拨打的记录。接着，银行自动柜员机和零售店里的销售点终端开始制造交易记录。当个人电脑跟商业在线网络连接，它们也同样开始在创建电子印记。

要来的还远不止这些。当交互式视频网络被广泛应用于日常生活——购物、理财、选电影、社交、政治集会——它们可能会提取并保存比过去多得多的关于个人私生活的详细资料。可戴式装置——比方说那些对你的健康状况进行连续监控的仪器，或者是一些新闻记者热切想象中的网上性爱服——可以构建出最贴身、最私密的记录。

在网络空间里生活会留下电子印记，这不可避免，就像在柔软的地面上走会留下脚印，这本身不要紧。但有关你的社会关系和活动情况的电子信息会存在哪里？什么人在什么情况下可以看到那些信息？不同种类的信息是分开保存，还是会有办法把它们做成电子组装件，绘就一幅关于你生活的近距离、详尽的图画？当我们的日常活动越来越多地转到数字电子领域进行，这些才是我们将要面对的越来越迫切的问题。

关于隐私和监视界限的争论由来已久，但相关术语和问题的核心正迅速被重新定义。离群索居的隐士足不出户，可以不顾颜面，但城市居民却不得不接受窥视和被窥视。为了换取城市生活的好处，他们只有忍受一定程度上的被窥视和一定程度上的被监视的可能性——他们的私生活受到了一定侵犯。建筑、法律和习俗维持并体现着一种达成的平衡。当我们构建一个网络社区居住其中，我们也必须达成并维持同样的平衡——虽然这种平衡会通过软件结构和对电子接口的控制来体现，而不是体现在建筑安排上。并且我们最好能把这种平衡维护好；因为电子数据的收集和数字核对技术比起以前任何一种技术都要强大得多，它们能为构建最终的福柯式反乌托邦社会提供手段。[1]

网络空间的政治经济学

这些迁往网络空间的社会、经济和政治活动将促使我们对公民（civic）和城市（urban）之间的传统关系进行重新思考。在拉丁语里，像浮斯泰尔·德·库朗日在他那本关于古代城市的巨著[2]中所说的那样，civitas 和 urbs 这两个词的意思是有区别的。家族之间或者部落之间因为相同的宗教信仰、社会组织、政府形式和生产方式联合起来，产生了公民（civitas）——一个不一定非要与特定的地点或建筑有关联的社群。但是当这样一个群体选择了一个特定的地点，建立起一个城市并且住在那里——就像罗马城建在七山之上——一个城市（urban）聚居点就出现了。因此，城市空间变成了公民组织的领地，公民

160

---

1 关于这种局面的发展，参见甘迪，《全景敞视型》。
2 即《古代城市：对于宗教、法律和希腊罗马体制的研究》。——译注

订下的原则决定着城市空间的布局。选定地址、举行奠基仪式以及制定规划图被视为具有根本性意义的重要活动，传统上被认为是拜社区神灵和神话中的英雄所赐。

今天，社区这个古老的概念——《牛津词典》把它定义为"居住在同一场所、地区或者国家的一群人"——正在弱化；如今社区也可以在网络空间里找到自己的位置。这种新型的地址不是地球上一块舒适的地方，而是一部成员之间无论身在何处都可以用来相互联系的电脑。举行奠基仪式不是为了标明边界、祭祀神灵，而是为了分配磁盘空间和连接网络。城市设计新的任务不再是修建大楼、街道和公共空间来满足公民的需求和愿望，而是要编写电脑代码并使用软件对象创建虚拟场所以及这些场所之间的电子链接。人们在这些场所里从事社会交往和经济交易，开展文化生活，实施监视并行使权力。

随着这些软城市的兴起，我们要考虑的将不仅是它们的城市设计——它们所提供的场所和内部联系，以及它们的外观和给人的感觉——还要考虑它们的公民性特征。我们必须想办法使网络空间社区以公正、公平和令人满意的方式运转。

迄今为止，对这项任务提出来的种种问题并没有明确的答案，但正如我们在信息高速公路上一路走访调查所发现的那样，至少有几个新模式可以考虑。到目前为止，商业在线系统已经发展成为公司镇。它们是实行中央控制的企业，拥有基础设施，并且试图通过向信息和服务公司租赁空间、向用户收取访问费和（像广播媒体那样）卖广告来赚钱。一些更小的拨号系统，比如 WELL 在线会议系统，则属于共产主义乌托邦的传统类别，宣扬为公共利益服务理念，提供非正式的信息交换服务。关于兴建国家信息基础设施的讨论提出了这样一种可能：关键的基础设施要素，像街道和下水道，可以由政府垄断建设和经营，费用由税收支付。而互联网则显示了组建一个多层次、非均质、去中心化系统的可能性，在这个系统里可以通过多种不同方式自行组建社区、管理本社区事务并支付费用。

随着各种社区在网络空间而不是在陆地（terra firma）上找到越来越多的共同点，这些模式会被讨论、扩展和改进。网络空间政治经济学的一些根本性问题将迫切需要讨论。谁参与，谁付钱，这个决定如何来作？怎么样进行交易，怎么样管理和保护知识产权？代理人的角色是什么，这些软件奴隶需要用什么样的规则来管理？社区应该怎样划定各自的疆界，应该怎样在各自的疆界内维持其规范？权力的合法形式是什么？政治对话应该如何开展？

这些问题值得网上的亚里士多德思考。如果他经常光顾电子吕克昂学院[1]，你或许可以在 alt.Politics 上找到一些非常生动的论述。

---

1 吕克昂学院于公元前 335 年由亚里士多德创办于雅典。——译注

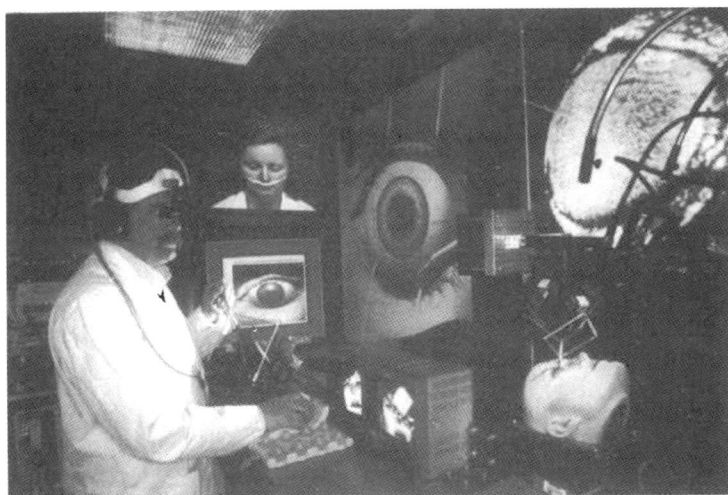

图 18　信息设备可能会对服务和机会的获取进行重新分配：一套将外科手术技术送往偏远地区的原型系统。

7

获取优质的比特

19 和 20 世纪，城市的面貌在运输和通信技术一波接一波 的发展浪潮中获得了改观。每一个阶段，建筑、运输系统和通信网络新的组合都满足了居民的需要。现在，它们的作用越来越多地被信息高速公路取代，住宅和运输系统的角色再次发生了改变，新的城市模式正在形成，我们有了对既有观念进行重新思考的契机：建筑和城市应该是什么样的，应该如何建造它们，它们的真正用途是什么。挑战在于要把这件事做好——为我们提供优质的比特。

1835 年：前工业聚居地

1835 年，当探险家约翰·巴特曼发现菲利普港湾时，他郑重说道："这里将会建一个村庄。"我想起了这段澳大利亚的历史，这是我很久以前在一所满是灰尘的农村学校里学的。带着桉树芳香的炙热微风把喜鹊的阵阵叫声送进教室。我们取出红色的塑料模板，在画着蓝线的练习本上描出这个大陆岛和它杂乱的水系的地图，然后再小心翼翼地标出内陆拓荒人的路径和沿河航行家的航线，找出随后出现的聚居地并注明日期。

164　　　多年以后，我懂得了公民和城市之间自古有之的区别，意识到我们其实一直都在排演着自己独特的创立神话——我们那些四处漂泊的祖先如何为族群选定栖身之地并建造住所的仪式化故事。我们这些生活在穷乡僻壤的学童知道了选定地点的英雄是谁，知道了来这些地方定居的人是谁，还知道了最初那些粗糙的道路和房屋是如何在这片刚刚清理过的土地上建成的。老师告诉我们哪里是囚犯定居点，哪里是鲸鱼和海豹捕猎者在海岸线上聚居的港口，哪里是淘金者建起的小镇，哪里是内陆涌现的农业中心；铁路和电报系统如何在边远荒凉之地催生出村庄；商业、工业和行政城市如何在新兴运输网络中的有利位置发展起来。我们还听说了殖民地官僚和军官——霍德尔、莱特还有其他人——经过勘测后建起了街道网格，在这片荆棘丛生的褐色土地上引入了最初的城市形式和秩序。

1956 年：通勤城市

　　　到 1956 年，当我第一次坐火车经历又长又慢的旅程到遥远的大城市墨尔本去看奥运会时，工业资本主义已经牢牢掌控了这座城市，战后的移民像潮水般涌进来。那天，我们在巴拉腊特铁路茶点室吃了块肉馅饼，喝了点茶（爸爸喝了杯啤酒），然后上了车。几个小时后，这列灰头灰脸的火车先掠过一圈城郊的房屋，再穿过一片似乎没有尽头的工厂和仓库，最后到达这座大都市的中心。在那里，我看到了百货公司和商场、剧院、老牌的大酒店、政府办公楼、银行和保险公司的总部、科林斯街[1]上时尚的专业咨询室、密密麻麻的人群，还听到有人说外国话。那里什么都有。每天早上，有轨电车、火车和川流不息的小汽车把工人大潮吞进肚子运到城里，晚上——中间有一小段时间空档，口干舌燥的工人们可以在小酒馆里喝上一口（这是当地人的一个习惯，叫作"六点钟痛饮"）——再把他们吸进肚子吐回到市郊。

165

　　所有这些模式和节奏都是因应在特定时间、为特定目的，把人送到特定位置上去的需要而产生。囚犯定居点用来把不受欢迎和制造麻烦的人发配到天涯海角澳大利亚——离英国本土越远越好，到那些事先挑好可作港口之用、可能从事农业耕作自给自足的地方去。淘金者的小镇爆发式地出现在那些矿工们能从地下挖出贵重金属的地方，放牧牛羊的人则被吸引到水草丰美的牧场。这些特殊的场所之间通常相隔遥远，当然它们也都远离外面的世界——交通路线很长，而且说断就断，沿线乘客、货物和信息的流动十分缓慢、断断续续；这些地方的居民没有办法从遥远的牢房逃走。到 20 世纪中叶，在沿海一些中心城市，城市空间被进一步细分，形成了生活、工作和购物娱乐的专门场所，路网和铁路网将所有这些场所连接起来，汽车和火车载着人们在这些场所之间穿梭往返。你的出身之地——是南雅拉区[2]绿树成荫的庭院还是布伦瑞克区[3]肮脏的街道，是

1　墨尔本市中心的主要街道，被认为是澳大利亚的第一大街。——译注
2　墨尔本市有名的富人区。——译注
3　墨尔本上班族主要居住的地区，人口密集。——译注

悉尼还是穷乡僻壤——非常重要。

20世纪60年代，地理位置仍然决定着人们的命运，因此我的很多同龄人离开广袤闭塞的南部大陆，来到靠近万物中心的地方生活。

1994年：网真时代

启动快进模式。现在到了1994年，我正在麻省理工学院的办公室里用电脑打下这篇文字。在同一个屏幕上，一扇视频窗口正对楼上的设计工作室打开，我的学生们正在那里工作。另外还有一些窗口正向其他工作室打开，这些工作室有的在圣路易斯市的一些大学里，有的在纽约州北部，有的在温哥华，有的在香港，有的在巴塞罗那。我的办公桌上装有一台小型摄像机，这样学生们同样可以看见我的工作情况。互联网把我们所有人都联系在了一起，身在这些不同地区、不同时区的学生正在合作为上海一个旧区制订重建计划。学生和他们的导师可以通过自己的电脑工作站交换计算机辅助设计模型，提交设计方案，解决选址和安排方面的疑问，对彼此提出的方案展开讨论、提出批评。至少目前，我们这些散布各地的人已经成为一个互相建立了电子链接的虚拟社区。人在什么地方不再是问题，对于我来说，身在香港的学生跟那些离我办公室只有一步之遥的学生一样，都是这个社区的一份子。

166

我们已经对人类栖息地进行了改造。过去，一个偏远的澳大利亚聚居地和国外一个城市之间的通信往来需要花好几个月时间，市民大多数的交往必定是在同一聚居地的居民之间进行。你所在的社区由你的近邻组成。你可以喜欢它，也可以离它而去。但随着运输和通信能力在工业时代得到加强，与分散四方的朋友和家人保持联系变得容易多了，而且你还可以积极参与家乡以外你感兴趣的社区。从第一支运送囚犯的船队抵达澳大利亚博特尼湾到互联网建成的两个世纪里——1788 年至 1988 年——前工业时期公民与城市之前的关系被彻底重构。今天，网真技术成为了亲临现场的辅助手段，有时甚至取而代之；越来越多的商务和社会交往活动转到网络空间进行。我们发现获取信息和服务甚至不大依赖距离上的亲近，社区也变得越来越与地理位置相脱离。我们的网络连接正变得和我们身在何方同样重要。

公元 2000 年：比特圈　167

网络空间已经开放，人们正争相在上面宣示主权、安营扎寨。我们正进入一个崭新的时代：人们用电子手段延伸了身体，生活在物质世界与虚拟世界的临界点；在消遣和交往中，人们既亲临现场又使用网真技术；电信技术引发了传统建筑类型的碎裂与重组，建筑形态发生了突变；新型的软城市出现了，和我们现有的用砖头、混凝土和钢筋堆成的城市并存、互补，有时候还展开竞争。

对于设计师和规划师来说，21世纪的任务将是建设一个比特圈——一个全球性的、以电子为媒介的大环境，这里网络无处不在，大部分运转的设备（从纳米到全球的每一个层面）都具有智能和电信能力。它将覆盖并最终接替人类长期栖息的农业和工业环境。

这片前所未有、超级延伸的栖息地将超越国界。它所提供的越来越密集、越来越广泛的连接能力将很快——在人类历史上首次——创造出规划和设计真正的全球性社区的契机。像古代城邦为生活在城墙之内的居民提供广场、市场和剧院那样，21世纪的比特圈将需要为它那些接上网的百姓提供越来越多的虚拟聚集场所、交易所和娱乐场所。像传统上建筑师设计学校、医院和其他服务设施以满足周边地区之需那样，比特圈的规划师和设计师将为范围广得多的成员构建出教育和医疗服务传输系统的渠道、资源和界面。商业、娱乐、教育和卫生保健机构将通过这些新型的传输系统和虚拟场所，在全球范围内进行运营、合作和竞争。

我们将要为这个新兴的游戏制订规则。像那些我们较为熟知的社会和政治单元那样，国际比特圈社区也将迫切需要适宜的宪法、制度、公共政策和法律。或许将来会有一部专门的网络空间法，就像现在已经有了海洋法。同时，已经确立起来的、以领土划分的国家、州、地区和城市将不得不调整它们在前比特圈时期的结构和习惯，以适应新的形势——边界将失去原来的意义，权利和权力可能不再由空间边界来界定，对财产的保护可以不再因循传统的办法，大多数经济、社会和文化活动将被吸引到网络空间里新崛起的场所进行。

那些谋求保持经济竞争力、为国民提供高生活水准的国家将争相启动国家信息基础设施计划，就像过去投资兴建港口和运输船队、铁路网和公路系统那样。它们在做这些事情的同时，还必须解决一些网络空间政治经济学方面的根本问题；解决这些问题的办法将很大程度上决定它们会成为哪一种国家。民主理想（以及电话系统的教训）表明，它们要努力提供通用的访问权——向全体国民提供消费得起、无处不在的高带宽服务。如果平等机会和均衡参与受到重视，那么所有阶层的用户（而不仅仅是享有特权的群体和机构）都应该既能接收信息又能创建信息。这意味着这些设施必须提供双向的数字管道，并且允许任何人建立服务器。如果要鼓励由下至上谋求社区发展的努力和具有创业精神的企业，那么这些设施就必须有一个精心制作的开放性结构体系，应该允许广大的硬件公司、软件开发商、网络服务商、内容提供商和用户对那些能为这个系统扩大、增加价值的组件进行创造和整合。并且，如果这些设施是为了鼓励国家统一而不是一种新型的巴尔干化，那么必须要有能确保全国系统中所有子网络之间具备协同工作能力的政策和标准来指导它的发展。

这些全国信息基础设施不会便宜，政策制订者将面临如何支付费用的难题。可能得出的各种答案会产生截然不同的社会后果，因此关于政策的讨论可能会存在诸多争议。一些人会基于社会公平理想的立场，认为应该将国家信息基础设施视为公共设施，费用由税收支付，从而使通用访问权以及对公共利

169

益的关注得到保障。另一些人则会声称，只有私有部门才能快速调动起建设这些设施所需的各种资源并使对实行有效运营，因此必须为私有部门的服务商创造机会，使他们能够通过收取通行费和进行广告销售获利，以调动他们的积极性。最终，网络空间的发展——像房地产业的发展一样——可能会在纷繁复杂、不断变化的公共政策和投资的联合作用下推进，当商机来临，私有部门也会作出反应。

国家和国际信息基础设施的发展以及由此带来的社会和经济活动向网络空间转移，是否意味着现有城市将直接破裂、崩塌？或者巴黎有些什么东西是网真技术无法比拟的？罗马能否为《神经漫游者》中提出的问题提供答案？多数人笃信，大城市所具有的韧性和适应能力曾使它们经受住工业化和汽车的挑战（虽然形态发生了改变），这些品质同样也能使它们适应比特圈。虽然沉浸于电子驱动的比特世界将逐渐减少我们对亲临现场和物质交换的依赖，从而改变我们使用物理空间的方法，削弱目前将大型城市群维系在一起的活动链，但我们没有理由认为，这种新的境况会使我们对周遭环境变得冷漠，或者使我们与他人在融洽的气氛中面对面接触的欲望突然消失。我们仍然会关心自己身在何处并仍然需要别人的陪伴。因此，城市和城镇或许能找到重组自身的机遇——将居所、工作场所和服务设施重新组合，使其重焕活力，成为一个个小型的居民区（既可在城区，也可在城郊）。它们通过强大的电子链接与更广阔的世界连接，从中获得滋养；但同时它们又珍视自己与别处的不同——它们的地方机构和公共娱乐场所、它们独特的格调和习俗。一个社区连接世界的能力能重新为它的居民带来结识邻里、参与地区事务的机遇，无须再到遥远的中心城市去寻找工作和服务。

先行一步的校园和社区网络的发展已经表明，国家和国际系统的地方子系统——为市民在他们的社区展现自己，和邻居互相问候、拉家常，进行地区内的商务交易提供场地的电子商业街——将在其中扮演重要角色。比特圈的市政设计将不仅仅包括马路、人行道、下水道和土地利用分区规划这些传统事项，还将包括发展地区网络设施、创设电子场所，满足当地居民通信和交流的需要。

通过改变服务和机会的获取方式，越来越多的信息设备有可能会大规模地制造出胜者和败者。作这样一番想象是愉快的：有一个由联网的阿斯彭[1]和网络空间化的圣莫妮卡[2]组成的国度，里面的居民轻松愉快地骑着自行车。但显而易见的危险是，这样的重构也会产生电子雅加达——特权阶层的领地内网络连接良好、服务到家、戒备森严，周围环绕着悲苦凄凉的超级贫民窟，那里没有对信息设备和装置的投入，电子传输服务到不了那里，几乎没有什么经济机会。穷人被抛弃在那些权贵们不再需要的老旧过时、正在腐朽的城市残骸和与世隔绝的边远居留地里。建设比特圈最基本的挑战肯定会是根据社会平等原则配置访问权——而不是富人获得的特权更多，穷人进一步被边缘化。

在比特圈的社区里，还会有更小的子网络——建筑物里的网络。电脑会逐渐天衣无缝地融进建筑物的结构里，而建筑物

171

1 美国科罗拉多州中西部的一座城市，为著名的滑雪胜地。——译注
2 美国加利福尼亚州的一座沿海城市，度假胜地。——译注

本身也会变成电脑——这是一个漫长的演变过程的结果。前工业时代的建筑只不过是皮包裹着一把撑起来的骨头。伴随着工业革命的到来，它们逐渐具备了复杂的机械生理功能。它们很快就普遍装上了供水和排污系统、供暖和空调系统、电子系统、安保系统，等等。现在，它们正在安装电子神经系统——网络连接、装进木制结构中的光缆以及信息装置。当比特围绕一幢建筑流动的速度赶上了今天它们在电脑里流动的速度，当不同种类的专用传感器和输入装置能在不同地点接收比特，当中央处理器能在任何需要的地方安装，当各种显示屏和装置全都融入了与建筑物同样大小的数控系统中，问"智能的电子设备止于何处，愚蠢的建筑物始于何处"这样的问题将变得毫无意义。电脑会从盒子里蹦出来，墙壁会被接上线，比特圈里的建筑作品与其说是由芯片组成的结构体系，不如说是建在地基上的机器人。

建筑师们将日益面临这样一个现实抉择：是为亲身出现提供方便还是依赖网真技术。他们将不得不探讨有着物理结构的硬件和用符号编码的软件、现实空间和虚拟场所分别适合充当什么角色。并且最后，他们将在一个由数字电信系统和经过重组的流通及运输模式组成的矩阵中，对从传统建筑类型变形而来的碎片进行重新整合，从而找出适应人类需求的新方法。从旁观者的角度看，毫无疑问，技术浪漫主义理论家会怂恿他们采取吉布森式的去物质姿态，彻底放弃传统的建筑方法，而注重物质的沙文主义者则会大声谴责他们眼中这个正被手持装置引向地狱的世界。

最后，比特会变得与人亲密无间。像传统上衣服构成了人们跟物质世界的第一个接口，我们的个人电子装置和身体网将变成肌肉和神经系统连接比特圈的接口。手持遥控装置会被用来与数字电视和其他信息装置互动。个人数字助手和手提电脑将采用无线技术与周围的设施进行比特交换。穿戴式和植入式的医疗监控装置会将数据传往环境控制系统。微型存储装置会储存下我们重要的健康信息、身份信息和数字现金使用情况。我们将拥有各种各样的电子服饰，从耳机到传感手套，再到最新款的智能运动鞋。它们的设计师会设计出最贴身、最私密的数字环境——我们的个人网络空间。

各个层面的网络全都必须通过某种方式连接起来：身体上的网络要和建筑里的网络连接，建筑里的网络要和社区里的网络连接，社区里的网络要和全球网络连接。从戴在我们身上的手势传感器到全球范围的通信卫星和远程光纤，比特圈的各个元素最终将汇聚在一起组成一个密集交织的系统，这个系统的膝盖骨与信息高速公路相连。

比特圈这块边疆的不确定性和危险性是巨大的，但这里充满新的机会和希望。因此，忘掉 20 世纪 60 年代马歇尔·麦克卢汉研究的那些电视迷的领地吧。这里将会出现一座地球村。

致　谢

　　我在一场题为"电子建筑：建筑与电子未来"的研讨会上介绍了本书的初步框架。这场研讨会于 1993 年在纽约召开，由古根海姆博物馆和《ANY》杂志赞助，会议成果刊登在《ANY》杂志第 3 期（1993 年 11 月 /12 月号）。感谢马克·C. 泰勒和辛西娅·C. 戴维森组织了这次非常成功的会议，感谢其他会议代表新见迭出的发言。

　　1994 年秋，我和米奇·卡普尔在麻省理工学院给研究生开了一门研讨课"数字社区"。我和米奇、助教安妮·比米什及研讨课的学员进行过多次讨论，萌生了新的想法和见解。

　　本书最终得以定稿很大程度归功于安妮·比米什所作的广泛细致的研究。德博拉·埃德尔斯坦提出了编辑方面的建议。迈克尔·贝南做了关键性的事实核对工作。成书过程中很多朋友、学生和同事阅读了书稿并慷慨赐教，在此无法一一提及。

　　封面图由麻省理工学院媒体实验室的松谷·石琦用已故的穆里尔·库伯提出的三维印刷概念制作。第 4 章的所有平面图由安妮·比米什绘制。另外一些插图的来源如下：第 1 页图片由 NYNEX 公司提供；第 7 页插图由 P. 斯坦纳绘制，《纽约客》杂志社 1993 年版权所有；第 33 页上图，列奥纳多·达·芬奇的《人体比例》由贝特曼图片资料馆提供；第 33 页下图为电影《割草者》剧照；第 57 页上图为尤金 - 伊曼纽尔·维欧勒 - 勒 - 杜克的《第一间茅屋》，选自本杰明·巴克纳尔翻译的《各时代人类的住所》（伦敦：桑普森·洛出版社，1876 年）；第 57 页下图选自《喷趣》画报 1878 年 12 月 19 日（《喷趣》画报 1879 年年鉴）；第 125 页上图为詹巴蒂斯塔·诺利绘制的《新罗马地图》局部（罗马，1748 年）；第 125 页下图的电子世界屏幕图片由苹果电脑公司提供；第 159 页照片由艺术家克尔基斯多夫·沃蒂兹科提供；第 195 页的照片由伊恩·亨特提供，瑟奇·拉方丹和泰勒麦考斯·杜克格鲁公司版权所有。

索　引

图书在版编目（CIP）数据

比特城市：未来生活志/（美）威廉·J. 米歇尔
（William.J. Mitchell）著；余小丹译.—重庆：
重庆大学出版社，2017.3（2020.5重印）
（拜德雅·视觉文化丛书）
书名原文：City of Bits：Space，Place，and the Infobahn
ISBN 978-7-5689-0470-4

Ⅰ.①比⋯　Ⅱ.①威⋯②余⋯　Ⅲ.①城市学　Ⅳ.①C912.81

中国版本图书馆CIP数据核字（2017）第057760号

拜德雅·视觉文化丛书

比特城市：未来生活志

BITE CHENGSHI: WEILAI SHENGHUO ZHI

［美］威廉·J. 米歇尔　著

余小丹　译

陈毅平　校

策划编辑：邹　荣　任绪军　雷少波
责任编辑：任绪军
责任校对：刘雯娜
书籍设计：张　晗

重庆大学出版社出版发行
出版人：饶帮华
社址：（401331）重庆市沙坪坝区大学城西路21号
网址：http://www.cqup.com.cn
重庆市正前方彩色印刷有限公司印刷

开本：890mm×1168mm　1/32　印张：7.5　字数：163千　插页：32开1页
2017年4月第1版　　2020年5月第3次印刷
ISBN 978-7-5689-0470-4　定价：42.00元

City of Bits: Space, Place, and the Infobahn, by William J. Mitchell, ISBN: 978-0-262-63176-1

First MIT Press paperback edition, 1996
© 1995 Massachusette Institute of Technology

Original publisher by MIT Press
Current Chinese translation rights arranged through Bardon–Chinese Media Agency

版贸核渝字（2015）第 335 号

（书名以出版时为准）

21 世纪图像　　　　　　　　　　　　　　　　　　　[德] 奥利弗·格劳 等编

电影与伦理　　　　　　　　　　　　　　　　[英] 丽莎·唐宁 & [英] 利比·萨克斯顿 著

视觉文化的矩阵：电影研究中德勒兹理论的运用　　　　[荷] 帕特丽夏·比斯特斯 著

库尔贝，或眼中的画　　　　　　　　　　　　　　[法] 让-吕克·马里翁 著

艺术之名：现代性的考古学　　　　　　　　　　[法] 蒂埃里·德·迪弗 著

图像的力量　　　　　　　　　　　　　　　　　　[法] 路易·马兰 著

论再现　　　　　　　　　　　　　　　　　　　　[法] 路易·马兰 著

崇高的普桑　　　　　　　　　　　　　　　　　　[法] 路易·马兰 著

摧毁绘画　　　　　　　　　　　　　　　　　　　[法] 路易·马兰 著